项目全流程

实战管理手册

艾 欧 张家庆 刘家盛 ◎著

中国铁道出版社有限公司
CHINA RAILWAY PUBLISHING HOUSE CO., LTD.

图书在版编目（CIP）数据

项目全流程实战管理手册/艾欧，张家庆，刘家盛
著.—北京：中国铁道出版社有限公司，2022.5
ISBN 978-7-113-28929-4

Ⅰ.①项… Ⅱ.①艾… ②张… ③刘… Ⅲ.①项目
管理–手册 Ⅳ.①F224.5-62

中国版本图书馆CIP数据核字（2022）第037298号

书　　名：项目全流程实战管理手册
XIANGMU QUANLIUCHENG SHIZHAN GUANLI SHOUCE
作　　者：艾　欧　张家庆　刘家盛

责任编辑：吕　芰　　　　编辑部电话：（010）51873035　　　　邮箱：181729035@qq.com
封面设计：宿　萌
责任校对：孙　玫
责任印制：赵星辰

出版发行：中国铁道出版社有限公司（100054，北京市西城区右安门西街8号）
网　　址：http://www.tdpress.com
印　　刷：北京联兴盛业印刷股份有限公司
版　　次：2022年5月第1版　2022年5月第1次印刷
开　　本：700 mm×1 000 mm　1/16　印张：16.5　字数：162千
书　　号：ISBN 978-7-113-28929-4
定　　价：78.00元

前　　言

在大众创业、万众创新的时代，每天都有无数项目涌现，又有众多项目悄然"死去"。有些项目从一开始就如火如荼，占领先机，最终取得成功；有些项目却高开低走，以失败收场。为了让项目管理更有成效，项目经理需要学习科学的项目管理方法。

项目管理需遵循一定的流程，一个完整的项目管理流程包括项目启动阶段、计划阶段、执行阶段、监控阶段和收尾阶段，不同的阶段有不同的管理重点，需要不同的管理方法。本书的主要内容就是依据项目流程管理的不同阶段，来讲解项目管理的工作重点和工作方法。

首先，第 1 章对项目管理进行了综合阐述，讲解了项目管理的要素、周期、特征、优势与误区等，以便读者对项目管理有一个宏观的了解。

其次，第 2～11 章对项目流程管理的不同阶段进行了逐一讲述。从章程内容与职权委任两个方面讲述了项目启动时的各项事宜；从项目分配计划、项目进度计划、项目风险计划和项目沟通计划这四个方面对项目计划进行展开说明；从项目执行流程与执行细节两个角度对项目执行进行讲解；从成本控制、质量控制与变更控制等方面讲解项目控制的方法和注意事项，最后讲述了项目收尾阶段项目交付和项目总结方面的要点。

本书详细讲述了项目流程管理中启动、计划、执行、控制和收尾每一个流程的操作要点，除了讲述管理方法和管理要点外，还穿插了一些项目管理案例。同时，本书还加入了大量的图片和表格，以便读者理解。

笔者在写作时尽可能地做到图文并茂，语言通俗易懂，希望能够帮助读者轻松理解项目管理的基础知识和关键流程。希望读者通过对本书的学习，能够掌握项目流程管理的方法并避免项目管理的误区，最终使项目获得成功。

目　录

第1章
揭开项目管理的面纱

项目管理是指在规定的时间、预算和质量范围控制内，运用系统的方法对项目涉及的全部工作进行有效的管理。如何做好项目管理？在思考这个问题之前项目经理首先要对项目管理有一个基本的了解，包括项目管理的要素、周期、特征及优势。

1.1 项目管理的要素与周期

项目管理具有四个要素，分别是范围、成本、进度和质量，项目经理需要控制项目范围和成本，保证项目进度和质量。同时项目管理分为不同的阶段，只有把每个阶段的工作全部做好，才能够将项目保质保量地完成。

1.1.1 四要素：范围、成本、进度与质量

要想了解项目管理，首先要了解项目管理的四个要素，即项目管理的范围、成本、进度与质量，如图 1-1 所示。

1	范围		2	成本
3	进度		4	质量

图1-1 项目管理的四个要素

1. 范围

项目范围是指为实现目标必须完成的工作，是通过项目可交付成果的标准来定义的，其指出了"完成哪些工作就能够完成项目目标"。如果项目范围不明确，那么项目就永远不可能完成；如果工作内容超出了

项目范围，也会导致时间、资源的浪费。

2. 成本

项目成本是指完成项目花费的所有资金，包括原材料成本、场地、设备租用成本、人力资源成本等。项目的总成本应以预算为基础，实际成本应控制在预算范围内。

3. 进度

项目进度不仅能够说明完成项目工作所需要的时间，也规定了项目中每项活动的具体开始时间和完成时间。只有保证项目中所有活动能够按时完成，项目目标才能够如期完成。

4. 质量

项目质量是指项目满足客户需求的程度，通过项目可交付成果的标准来定义。项目可交付成果的标准表明了项目可交付成果需要具备的各种特性及满足这些特性需要达到的要求，这些要求即项目需要保证的质量。

范围、成本、进度和质量是项目经理在进行项目管理时需要把握的四个关键要素。一个项目最理想的状况就是实现"多、快、好、省"，"多"指工作范围大，"快"指完成速度快，"好"指质量高，"省"指成本低。实际上，项目管理的四个要素是相互关联的，提高项目质量、保证项目进度等可能需要增加项目成本，因此"多、快、好、省"的理想状态是很难达到的。而项目经理的工作就是协调好这四个要素的关系，在保证项目质量和进度的同时，尽可能地控制项目进度和项目成本。

1.1.2　项目生命周期：五个阶段

项目生命周期指项目从制定到完成所经过的所有阶段。一般而言，项目的生命周期分为五个阶段，只有将每个阶段的工作做好，才能够保证项目保质保量地完成。项目生命周期的五个阶段分别为：项目启动、项目计划、项目执行、项目控制和项目收尾，如图 1–2 所示。

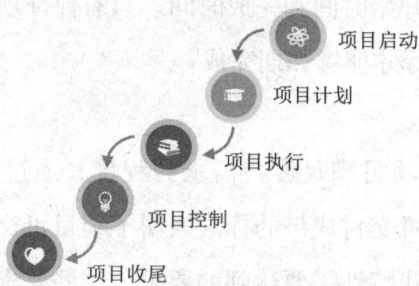

图1–2　项目生命周期的五个阶段

1. 项目启动

在项目启动阶段，项目经理需要明确项目的目标、具体工作事项、工作时间和关键负责人等基础内容，同时需要将这些内容做好记录，为项目的发展定好方向。

2. 项目计划

定好了目标后，下一个阶段就是制订项目计划。在这个阶段，项目经理需要组建团队、安排任务、制订工作进度等。在这个过程中，项目经理需要把工作任务落实到每一名员工身上，并确保每一名员工接受的任务和其工作能力是匹配的，同时，这些任务一定是可测量的，以便实时监控任务的进度。

3. 项目执行

项目执行阶段是十分关键的，即便有完善的项目计划，如果项目执行阶段出了问题，那么项目也难以顺利完成。在这一阶段，项目经理需要注意以下三个方面。

（1）项目团队管理。项目经理要重视对团队的管理，及时对员工的工作作出指导，帮助员工解决工作中出现的问题，使项目进展更为顺利。

（2）跟进项目进度。项目经理要把控好项目的进度，明确员工工作的效率和项目的完成时间，确保项目按期完成。项目经理可通过绘制甘特图了解项目的进度。甘特图可以直观地展示出项目的进度、每项活动的起止时间、活动间的关系等，有助于项目经理对进度的把控。

（3）项目沟通协作。一个项目在完成的过程中需要多方面的沟通，如团队之间的沟通、团队与公司各部门的沟通、团队与客户的沟通等，项目经理需要协调好各方的沟通工作。

4. 项目控制

项目控制阶段有两个重点内容。首先，项目经理要准确识别计划偏差，从中分析出影响项目进度的问题并尽力解决。其次，项目经理要做好对项目资源的分配管理工作，随时汇总并分析项目开展过程中的费用数据、资源分配数据等，通过对资金和资源的合理分配把控项目进度，保证项目顺利进行。

5. 项目收尾

项目收尾是项目管理的最后阶段。在这一阶段，项目经理需要对项目整体工作进行盘查，必要时调整项目进度与员工工作安排，保证项目能够如期完成。在项目完成后，项目经理需要对项目可交付成果进行测试、验收并交付到客户手中。此外，项目经理还需要对项目的经过和结果进行分析、复盘，总结项目中成功的经验和失败的教训，这是项目收尾阶段经常被忽略却十分关键的事项。

在项目整个生命周期中，每一阶段顺利完成都是下一阶段顺利开展的基础。因此，在项目管理的过程中，项目经理不可过于追求项目的速度和效率，注重细节，只有做好每一阶段的管理工作，才能够减少之后工作的问题和风险，保证项目顺利完成。

1.2　项目管理的特征

项目管理不是对某一要素的管理，而是对项目范围、成本、进度、质量等多个要素的管理，因此项目管理具有集成性的特征。同时，项目管理具有渐进明细性，为推动项目的顺利进行，项目经理需要为项目制定阶段性的、具体的小目标，并及时更新目标。

1.2.1　集成性

　　项目管理涉及项目的范围、成本、进度、质量等多个方面，以及对员工、材料、设备等多方面的管理，具有集成性的特征。因此，项目经理需要根据项目各要素之间的配置关系做好集成性管理。项目集成的内涵表现在以下 4 个方面，如图 1-3 所示。

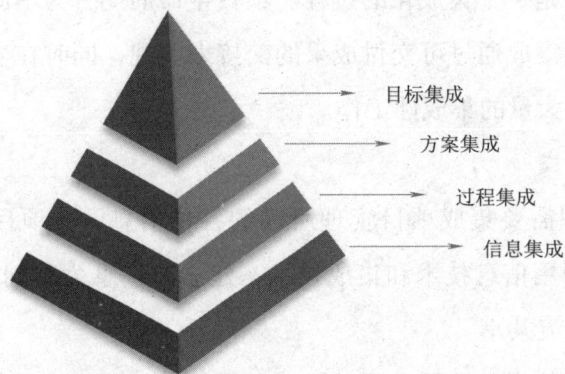

目标集成

方案集成

过程集成

信息集成

图1-3　项目集成的内涵

1. 目标集成

项目有不同的利益相关者，即项目干系人，不同的干系人有不同的、甚至互相冲突的需求，项目经理需要做出权衡，整合其需求。同时，项目质量、时间和费用既互相关联又互相矛盾，项目经理需要整合三者的关系。在确定项目目标时，项目经理需要权衡各干系人需求并考虑各种限制性因素，因此项目目标具有集成性。

2. 方案集成

不同的管理方案对项目干系人和项目目标有不同的影响，项目经理需要对各种方案进行整合，权衡各方面的利弊，确定各方干系人可接受的最佳方案，尽可能地满足各方干系人的需求。

3. 过程集成

项目管理是一个集成化的过程。项目生命周期分为不同的阶段，前后阶段之间的集成通过可交付成果的交接来实现，同时在生命周期的不同阶段也存在大量的集成性工作。

4. 信息集成

项目经理需要集成项目管理所需的各种信息，使项目管理更加有效，要充分利用信息技术和集成技术，建立以信息为基础的集成平台，促进信息的交流共享。

项目管理的集成性要求项目经理必须科学、全面地思考项目管理问题，提出集成性的项目目标和管理方案，同时注重项目各阶段和各项工作的连接。

1.2.2　渐进明细性

渐进明细性是指项目的重大目标是逐步实现的。项目的产品事先不可见，在项目前期只能确定研发的方向和大致的需求，产品的目标随着项目的进行才能逐渐精确。项目的很多方面都具有渐进明细性，大型、复杂项目的渐进明细性更突出。项目的渐进明细性体现在以下几个方面。

（1）项目管理计划。项目经理在项目立项阶段就可以制订初步的项目管理计划，并随着项目的推进逐渐明细，最终制订出具体可实施的计划。

（2）项目范围。在项目开展之初，项目范围并不十分明确，客户需求也不十分清晰，这些都是随着项目工作的开展而逐渐明确的。

（3）项目目标。有些项目在设立时虽然有目标，但这个目标只是方向性的大目标，这个大目标也是在项目开展的过程中逐渐细化的，最终变为具体、可衡量的目标。

由于项目管理具有渐进明细性，因此在项目管理的过程中，项目经理并不需要在项目立项阶段就规划好项目的各种细节，许多项目细节都是根据项目具体的执行情况确立的。如果过早地规划了项目的诸多细节，那么在项目执行的过程中，受工作进度、外部环境、客户需求等因素变化的影响，项目细节也面临诸多变更风险。

1.3　项目管理的优势和误区

项目管理对于项目的顺利开展和完成而言具有明显的优势和重要意义，其能够提高项目进行的效率，保证项目质量并节约时间、资源、人力等成本。

1.3.1　项目管理的优势

项目管理能够推动项目的顺利进行，其优势表现在以下几个方面。

1. 规划项目进度，合理利用项目资源，确保项目如期完成

盲目地开展一个项目会导致员工工作的混乱和时间、资源的浪费，而通过对 WBS（工作分解结构）、甘特图法、关键路径法等一系列项目管理方法的使用，项目经理就能够合理安排各项活动的先后顺序，合理分配资源，保证项目的顺利实施。

2. 降低项目风险，提高项目的成功率

风险管理过程也是对项目风险进行控制的过程，项目管理能够通过合理的计划规避项目风险，同时在项目发生突发性危险时也能够及时采取应对措施，降低风险对项目的影响，使项目平稳完成。

3. 可以增强项目的可控性

缺乏管理的项目很有可能会失控，导致产品存在缺陷、成本超出

预算或不能如期交付等。而项目管理就是在一定成本预算与时间的限制下，运用各种工具和技术实现特定的目标。项目管理能够对项目进行有效的控制，主要表现在以下几个方面。

（1）范围控制：定义项目包括哪些工作、不包括哪些工作。

（2）时间控制：限制项目完成需要的时间，并在此基础上细分每项工作、每个活动所需要的时间。

（3）成本控制：控制完成项目所需的费用，包括人工成本、硬件成本、软件成本、工作场地成本等。

（4）质量控制：控制项目最终结果满足项目目标的程度。

（5）风险控制：对影响项目成功的潜在因素进行控制。

4. 加强员工协作，提高团队战斗力

项目管理中包含对项目沟通的管理，项目沟通机制的建立和多种沟通渠道的打通有利于加强员工间的交流协作，提高员工的工作士气和效率。

5. 可以进行项目的知识积累

在项目结束时进行项目总结也是项目管理的重要工作。对项目进行经验、教训的总结和技术积累能够将项目的收获转化为公司的财富。

1.3.2　项目管理的误区

项目管理是一项十分复杂的工作，在进行项目管理的过程中，一些缺乏经验的项目经理经常会陷入项目管理的误区。项目经理需要了解并避免以下这些误区。

1."鼓包现象"

在项目管理的过程中，一些边缘性的工作容易被忘记，或者被推迟到"以后"再做，导致项目结束时遗留大量的工作，这种现象称为"鼓包现象"。由于项目结束日期临近，这些遗留的工作要么被取消，要么被仓促完成，极有可能导致项目质量问题。

2. 文档缺失

通常在项目工作紧张时，文档工作就会被忽略，或者即使创建了文档，也很少对其进行维护。这表现为产品与需求文档不符，缺少记述项目的决策及决策原因的文档，没有对项目变化进行文档跟踪等。文档是为项目服务的，项目结束后，项目的维护人员需要通过文档了解项目的具体实施实况和决策原因，文档缺失无疑会为维护人员的工作增加难度。

3."源头质量"缺少控制

一些项目经理不会从项目的源头控制项目质量，而是在项目产生明显的质量问题后才会采取措施，这是不正确的。"源头质量"得不到控制，会引发更大的质量问题，增加解决质量问题的难度。

4. 用人不当

用人不当表现为员工分配到的工作与其工作技能不相符，这不仅会降低工作完成的效率，也难以激发员工工作的积极性和潜力。

5. 执行流程不严格

即使制订好了项目的计划和流程，不严格按照流程执行也是不对的。执行流程不严格会导致项目执行与计划脱节，最终导致项目失败。

6. 没有团体计划

一些项目缺乏团体计划，项目经理不会向员工讲述项目的目标并分享项目进度。这使得员工对自己的工作没有时间观念，对可交付结果没有责任感，很容易导致项目延误。

7. 缺乏返工计划

返工计划是项目管理中不可忽视的一个重点。一些项目经理总以为所有工作一遍就能够做好，因此在制订项目计划时并没有制订返工计划。这导致后期一些工作返工时占据了其他工作的时间，使其他工作延误。

8. 不注重工作期限

项目由不同的工作组成，每一项工作都是有完成期限的，一些项目经理只关注项目最后完工的期限，并不关注每项工作完成的期限，这极有可能导致项目延期，而如果在项目的最后通过压缩一些工作的时间来保证项目工期，则会使被压缩工期的工作出现问题。

1.3.3　失败的项目管理

　　项目管理的意义就在于其能够通过各种方法设计出科学合理的项目计划，并在项目进行的过程中对项目的进度、资源投入、项目质量等进行严格的把控，最终在减少成本投入的前提下更快更好地完成项目。如果项目经理没有做出合理的项目计划，也没有对项目的进展进行严格的把控，那么就发挥不了项目管理的作用，最终导致项目失败。

　　赵铭是某公司的项目经理，目前正在负责公司刚刚开展的一个项目。这个项目的进展并不顺利，项目中的成员都是从其他职能部门中抽调出来的员工，在本部门工作的压力下，这些员工难以将太多的时间和精力投入到这个项目中。这让赵铭十分恼火，同时其与各部门经理对于此事的沟通也并不顺利。

　　半年之后，赵铭借向上级汇报项目进度的机会向上级说明了因各部门经理不合作而导致的项目严重延期的情况。了解到这一问题后，赵铭的上级向其指派了一名项目经理助理及十余名员工协助其工作。

　　该助理认为应开发一个问题程序化系统，以此来汇总、分析并预测项目中存在的问题，于是项目团队投入了 10 个技术人员来开发这个系统，在花费了巨额资金后，系统并没有被研发出来，项目的进展依旧十分缓慢，研发系统这件工作并没有起到对项目的促进作用。无奈之下，赵铭只得终止了这项工作。

此时，项目已延期了 6 个月，但还没有成型的产品完成，客户对项目延期的问题非常关注，赵铭不得不花费大量时间向客户解释项目的问题和补救计划。

3 个月之后，项目仍未完成，客户对这种情况感到十分愤怒，指派了一名代表到项目团队监督工作。客户代表在项目进展、产品的研发和问题解决方面提出了许多自己的见解，赵铭和客户代表在一些问题上产生了冲突，导致两人关系恶化，项目也以失败而告终。

在上述案例中，赵铭对整个项目的管理非常失败，表现在以下几个方面。

1. 没有制订完善的项目计划

赵铭在项目进行半年之后，才向上级提出项目严重延期的情况。在项目进行初期，赵铭没有制订完善的项目计划，也没有对项目的风险进行预估。项目实施之后，赵铭没有对项目的进度进行严格的把控，没有及时发现项目延期的风险并及时解决。这些都是项目失败的重要原因。

2. 在进行问题程序化系统开发前没有进行可行性分析

在项目实施过程中，问题程序化系统开发并不是十分关键的。在准备开发问题程序化系统时，赵铭应对这项工作进行周密的评估，评估其必要性、资金投入和风险等，而他并没有这样做，最后在投入巨额资金后又终止了这项工作，造成了项目时间、人力和其他资源的浪费。

3.在项目延期后，没有及时制订项目改进计划

在项目延期后，赵铭没有及时制订项目改进计划，并及时采取改进措施，如对员工工作进行指导、请求公司资源支持等，以推进项目进度，而是一味地向客户解释存在的问题，这对于项目的推进而言是无益的。

项目在执行过程中难免会产生问题，在问题产生时，项目经理应及时分析、处理问题并与上级、客户等沟通交流，尽量将问题消灭在萌芽阶段。同时，项目经理应对问题产生的根源进行深入分析，并在此基础上寻找解决问题的最有效的方法，提高解决问题的效率。

第2章
项目启动：制订章程与职权委任

项目章程是项目需要遵循的准则，项目有了章程的指引才能够合理地开展，因此在项目启动前制定项目章程是十分有必要的。项目章程能够为项目经理开展工作提供指导，为其提供方法与工具支持。除明确章程内容外，明确项目团队中所有人员的职责也十分重要，从项目所有的干系人中确定核心干系人，并明确干系人的权利与利益是项目启动前的重要工作。

2.1 章程内容

项目的章程内容包括项目目标、项目范围与质量方面的描述、项目成本与风险、里程碑进度计划、项目审批制度等。章程内容是项目经理开展工作的准则，也是项目成功与否的判断标准。

2.1.1 项目目标标准：SMART 原则

在项目章程里，项目经理首先需要对项目目标进行描述。如何保证项目目标的科学合理性？在设立项目目标时，项目经理需要遵守SMART 原则。SMART 原则是设立目标的黄金准则，主要包括以下五个方面，如图 2-1 所示。

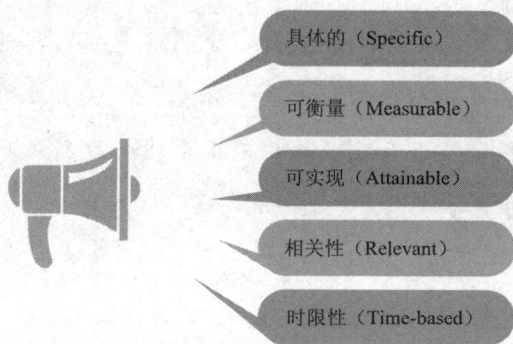

具体的（Specific）

可衡量（Measurable）

可实现（Attainable）

相关性（Relevant）

时限性（Time-based）

图2-1　SMART原则

1. 具体的（Specific）

目标必须是具体的，即清楚地说明工作的目标和要达成的工作标准，只有具体的目标才会为员工的工作指明方向。很多项目不成功的重要原因就是其目标模棱两可，很不具体，导致员工在实现目标的过程中没有方向。具体的目标能够引导员工正确地开展工作，同时项目经理也能够明确地判断员工是否达到了目标。

2. 可衡量（Measurable）

目标必须是可衡量的。项目经理在制订项目目标时必须要保证目标是能够被量化或能够被衡量的。可衡量的目标应有一组明确的数据，这是检验目标是否达成的依据。如果目标无法被衡量，那么就无法判断目标是否已经完成或完成到了什么程度。

3. 可实现（Attainable）

目标必须是可实现的，即制订的目标在员工付出努力的情况下是可以实现的。项目经理在制定目标时不要制定过低或过高的目标，过低的目标会造成人力资源的浪费；过高的目标会增加员工的压力，容易使员工产生逆反心理，不利于项目工作的开展。

4. 相关性（Relevant）

目标的相关性是指项目经理制订的目标要和其他目标具有一定的相关性，这样才能保证目标方向的正确性。如果制定了和其他目标不相关或相关性很低的目标，那么即使实现了目标，对于其他目标而言也没有太大意义。

5. 时限性（Time-based）

目标具有时限性，即目标的截止期限必须是清晰、明确的。如果目标没有时限性，那么员工就会忽视工作的效率，同时项目经理对员工的评判也会缺乏公平性，这将打击员工工作的积极性。项目经理要根据工作任务的权重、事情的轻重缓急，拟定出完成工作的时间要求。

总之，在制订项目目标时，项目经理要综合考虑以上五个原则，符合这些原则的目标才能够更好地为员工的工作和项目经理的管理提供指导。

2.1.2　项目描述：范围与质量要求

在制订项目章程时，项目经理要明确项目的范围和质量要求。在项目范围方面，项目经理要界定项目的范围并对项目范围进行控制。而在项目章程里，项目经理需要描述如何界定项目范围并对项目进行控制。

首先，项目经理需要搜集需求。常见的需求来源有公司内部和客户层面等，项目经理需要广泛搜集各方对于项目的需求，同时分析哪些需求是可行的，哪些需求是不可行的，这是圈定项目范围的第一步。

其次，搜集好需求后，项目经理需要对这些需求进行分析，从中提取出核心需求，并明确哪些需求是现在该做、能做的，哪些需求是不能做或者后期再做的。虽然需求并不能证明最后的工作量，但是能够明确项目最后需要交付的内容。明确好需求后，就能很好地定义项目范围。

在定义项目范围过程中，项目经理要先弄清楚需要交付的产品，再把整个产品拆分成子产品，明确每个子产品需要完成的工作。在这个过程中，项目经理需要列出一份详细的产品清单。

以一个软件类的项目为例，项目经理在定义项目的范围时，要讲清楚产品产出的是什么。如果产出的是一个系统，那么将系统拆分后可能会有软件、硬件、客户说明书、培训课件等。项目经理只有对每个子产品进行详细分解，才能够保证产品与项目的完整性。

此外，项目经理还要准备一份包含以下内容的项目范围说明书。

（1）项目范围描述：明确要交付哪些产品。

（2）产品验收标准：明确验收标准与验收人。

（3）项目可交付成果。

（4）项目的除外责任：在哪些情况下，项目经理不需要为项目的差错承担责任。

（5）项目制约因素：制约因素是会影响项目目标或过程绩效的限制因素，这些因素可能来自公司内部、客户层面或市场层面等，往往对项目的范围、成本、进度、资源等方面起到约束作用。

最后，项目经理需要讲明项目的分配计划和范围控制计划。项目分配计划主要依据创建 WBS 进行，项目经理需要明确项目团队的成员及成员的职责。同时对项目范围的控制主要是通过对项目的监控进行的，项目经理也需要依据各种监控措施讲明项目的范围控制计划。

确定项目的范围后，项目经理还需要对项目质量进行描述，讲明项目质量管理计划，包括质量管理的职责委任，可以应用的工具和技术，有哪些是需要检查和测试的，如何检验可交付成果等。

制订完善的产品检测计划有助于实现对项目质量的把控，项目经理需要在项目章程中讲明产品的检测计划。有些项目团队在系统功能测试方面做得很出色，但并未对系统进行压力测试，系统被投入使用时，当用户数量较少时，系统功能表现良好，但是当成千上万的用户同时访问系统时，系统就会崩溃。因此，项目经理必须对产品进行全面的测试，具体测试产品的功能、性能、可承受压力及安全性等各方面，并为此制订详细的产品检测计划。

2.1.3　整体成本与主要风险

项目的整体成本和主要风险也是项目章程的主要内容。在项目成本方面，项目经理需要表明对于项目成本的预测、实施计划、控制方法等，主要包括以下内容。

（1）资源计划：决定完成项目需要哪些资源以及每种资源的需求量。

（2）成本估计：估计完成项目所需每种资源的成本。

（3）成本控制：控制项目成本的改变。

同时，项目经理需要表明项目成本控制的方法，主要有以下几种，如图 2-2 所示。

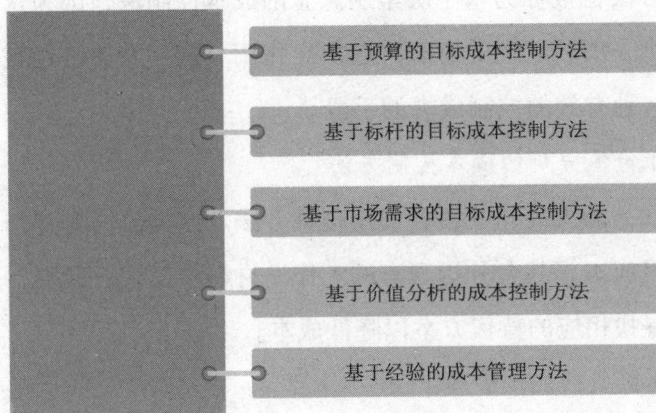

| 基于预算的目标成本控制方法 |
| 基于标杆的目标成本控制方法 |
| 基于市场需求的目标成本控制方法 |
| 基于价值分析的成本控制方法 |
| 基于经验的成本管理方法 |

图2-2 控制项目成本的方法

1. 基于预算的目标成本控制方法

要做好预算管理，项目经理不仅需要对项目有全面的把握，而且要知道资金从哪里来，以及知道各种需要购进的材料、设备的未来价格走势。制定好了科学合理的预算管理方案后，按计划来花钱，就能够有效地控制成本。

2. 基于标杆的目标成本控制方法

标杆就是样板，是自己需要学习的榜样。标杆可以是别的公司，也可以是本公司的某个部门。设定好了标杆之后，团队在各项支出方面就有了依据，从而控制成本。

3. 基于市场需求的目标成本控制方法

这一方法也被称为基于决策层意志的成本控制法，因为这一方法在使用过程中，项目经理的意志将起主导作用。这一方法已经被许多公司采用，是一种有效的控制成本的手段。

4. 基于价值分析的成本控制方法

一些优秀的大公司往往会使用这种方法。这类公司有专门的部门负责降低项目成本，其会分析现有的工作、材料、工艺、标准，通过挖掘其价值、寻找相应的替代方案以降低成本。

5. 基于经验的成本管理方法

这是一种最为基础的管理方法，应用也最为普遍，即借助过去的经验对项目成本进行控制，从而实现较高的质量、效率，避免或减少浪费。

此外，项目的顺利进行是控制成本的前提，如果项目在进展过程中出现了问题，则必将会提高项目的成本。因此，为了更好地控制项目的成本，项目经理需要对项目过程中的风险进行控制。在项目章程中，项目经理需要讲明项目的主要风险及应对措施，主要包括以下几个方面。

（1）风险识别：确认有可能会影响项目进展的风险，并记录风险的特点。

（2）风险量化：评估风险之间的相互作用，确定项目可能产出结果的范围。

（3）风险对策研究：明确不同风险的对策，对风险进行有效控制。

同时项目经理需要表明项目风险控制的措施，如进行科学的合同方案设计、保险方案设计、制订科学的项目管理流程、明确岗位职责分工、落实风险管理的责任等。

2.1.4　里程碑进度计划

项目管理的目的就是推动项目顺利完成，为了实现这一目的，让员工了解自己的工作目标和职责，让员工的工作有方向、有步骤，是项目管理的重要内容。同时，项目目标是长期的、难以实现的，项目经理需要分析出项目中不同阶段的里程碑节点，并据此设计好里程碑进度计划，并将其表现在项目章程中。这种将项目目标分解为里程碑目标的方法能够有效地指导员工的工作，使员工能够清晰地看到工作的进展，明确自己的贡献，从而获得成就感。

同时，项目经理也能够通过里程碑进度了解不同活动的进度、耗时，分析项目能否如期完成。此外，在某项活动进度难以提升时，项目经理也能够迅速发现项目进展过程中出现的问题并及时解决，推动项目的顺利实施。

以一项软件项目为例，其里程碑进度计划见表2-1。

表2-1　软件项目里程碑进度计划

序号	工作内容	开始时间	完成时间	责任人	备注
1	项目工作规划完成				
2	设计方案完成				
3	软件结构与规范设计				
4	数据库设计				
5	逻辑设计				
6	页面设计				
7	总体设计				
8	设计评审				
9	单元测试				
10	功能测试				
11	总测试				
12	测试验收				
13	产品交付				

通过制订里程碑进度计划，项目经理能够清晰地了解到项目的进展。里程碑进度计划的优势主要体现在进度跟踪与风险识别两个方面。

1.进度追踪

如果不将整个项目目标划分成小目标，项目经理很难明确当前项目的进度，也无法依据项目进度对员工的工作进行科学的指导。而将项目目标通过里程碑任务划分成小目标后，项目经理能够明确每个里程碑任务的进度，从而把控整个项目的进度。如果某个任务进度出现问题，项目经理也可以通过与任务负责人的沟通及时了解情况、解决问题。

2. 风险识别

里程碑进度计划有助于项目经理进行风险识别。首先，里程碑进度计划能够清晰地显示项目的进度，这让项目经理能够合理地预测项目能够如期完成，也能让其及时发现项目在时间方面的风险，从而尽快采取相应的解决措施。其次，当某一项任务进度缓慢时，项目经理能够及时发现项目进展过程中存在的问题，这些问题可能是由于资源短缺、资金短缺等原因导致的，对这些问题的解决能够有效规避项目进行中的资源及资金方面的风险。

2.1.5　项目审批制度

项目审批制度也是项目章程里的重要内容，项目只有通过审批才能够正式启动，同时在项目执行的过程中，各种项目变更事项都需要通过审批才能够执行。此外，在项目完成后，通过审批的项目才能够顺利结束。因此在项目的章程里，必须有一套明确的项目审批制度，以便为项目经理进行项目管理提供依据。

以某项目为例，其项目审批制度见表 2-2。

表2-2　公司项目审批制度

制度名称		受控状态		制度编号	
执行部门		监督部门		生效日期	

一、目的

为规范公司项目开展过程中的审批行为，明确责任和权限，加强项目管理，根据国家相关法律和公司实际情况，特制定本制度。

二、项目部职责

公司项目部是项目业务的主管部门，其他部门根据需要进行配合和协助。

三、项目小组的成立

1.项目立项审批通过后，项目部经理根据项目规模大小和项目类型等组织项目小组。

2.项目小组的项目经理由项目部经理推荐，人力资源部审核，总经理任命确定。

3.项目小组根据需要配置具体岗位，项目成员由项目经理推荐，经项目部经理、人力资源部经理审核后提交总经理批准。

4.项目小组成员必须具备以下四个条件。

(1) 为公司全职工作人员。

(2) 掌握相关的专业知识和技能。

(3) 能够维护公司的利益。

(4) 熟悉相关项目业务的法规和政策。

四、项目审批流程

项目在组织和执行过程中，需按照规定的审批流程开展工作，具体内容如下。

1.项目决策审批流程

(1) 项目部经理向总经理上报《项目建议书》。

(2) 审批通过后，项目部经理组织人员进行可行性研究。

(3) 项目部经理上报《可行性研究报告》。

(4) 总经理组织会议审议。

(5) 审议通过后工程项目立项。

2.项目概预算审批流程

(1) 项目经理上报《项目概预算报告》。

(2) 项目部经理审核。

（3）财务部经理审核。

（4）总经理审批通过后执行。

3.项目进度款支付审批流程

（1）项目承包单位提出进度款支付申请。

（2）项目经理根据合同检查后上报。

（3）项目部经理审核。

（4）财务部经理审核。

（5）总经理审批通过后，财务部办理支付手续。

4.项目完工决算审批流程

（1）项目经理提交《竣工决算书》。

（2）项目部经理审核。

（3）财务部经理审核。

（4）总经理审批通过后执行。

五、附则

1.审批应有文件记录，方便以后查考。

2.本制度由项目部和公司其他有关部门解释。

3.本制度自 2020 年 9 月 1 日起实施。

项目审批制度贯穿项目立项至项目结束的全过程，只有制订完善的审批制度，严格按照审批制度行事，项目执行过程才能够更加科学合理。

2.1.6　某公司立项审批制度

任何项目在启动前都要经过立项审批，审批通过的项目才能够成功立项并启动。以某公司为例，其项目立项审批制度见表 2-3。

表2-3 某公司立项审批制度

版次／修订状态	C/0	生效日期	2020 年 1 月 1 日

一、目的

为了明确公司项目立项流程，规范项目立项管理，特制订本制度。

二、适用范围

本制度适用于公司所有项目的项目立项。

三、职能职责

（一）总经理

总经理在项目实施过程中，具有以下职能职责：

1. 项目立项管理制度实施和废止的审批；

2. 协助项目管理部门监督制度的落地执行；

3. 项目立项的最终审批。

（二）部门经理

1. 准备项目的立项材料，填写《立项申请表》；

2. 发起项目的立项流程。

（三）项目管理部

1. 项目立项管理制度的制订；

2. 项目立项管理制度的宣传和培训；

3. 制度的落地实施和执行；

4. 召开项目立项评审会并将结果上报总经理进行审批；

5. 审批通过以后，确定项目编码、项目经理并组建项目团队；

6. 协调总经理办公室发公告。

四、项目立项流程

项目立项流程包括申请发起、项目管理部评审、总经理审批、确定项目编码、任命项目经理、组建项目团队、发布公告等环节。

（一）立项申请发起

部门经理准备立项材料，填写《立项申请表》，发起立项申请。

（二）项目管理部评审

评审立项材料的合规性和完整性。

（三）总经理审批

审核项目是否符合公司经营规划，明确是否要实施项目。

（四）确定项目编码、组建项目团队

项目管理部确定项目编码并组建项目团队，以进行项目管理。

（五）发布公告

通过发布公告告知公司全体员工，让其了解项目编码、团队成员及成员的职责和权利。

五、项目立项管理制度

（一）立项申请人需按照项目立项申请模板的要求填写项目立项申请；信息务必准确、完整。

（二）项目管理部须进行立项评审，并将评审结果提交总经理审批，评审时间不超过三个工作日。

（三）总经理进行立项审批，审批时间不超过两个工作日。

（四）立项通过审批后，项目管理部确定项目编码、组建项目团队、发布任命，这一系列工作在三个工作日内完成。

（五）行政部发布项目团队任命通告后，项目随即生效，立项工作完成。

（六）立项完成后，财务部门方可对项目提供资金支持，项目活动方可开展。

（七）严禁未完成立项即开展项目工作，未立项产生的费用由项目部门自行承担。

六、附则

（一）本制度由项目管理部和总经理办公室督促执行。

（二）本制度自签发之日起执行。

2.2　职权委任

　　职责委任是项目启动前的重要工作，项目经理需要在众多的项目干系人中确定项目的核心干系人，明确干系人的权力与利益。对于干系人的维护是项目经理的重要工作之一，协调好干系人的权力与利益，才可能获得更多的资源，以推动项目更顺利地开展。

2.2.1 谁是项目的干系人

项目干系人指的是参与项目工作的个人或组织，由于项目的进展与结果会受到项目干系人的影响，项目经理必须识别出核心项目的干系人，确定其需求，然后设法满足这些需求，以确保项目成功。

项目的干系人是多样的，以公司内部和外部来划分，项目的干系人包括以下类别，如表2-4。

表2-4　项目干系人分类

划分依据 ＼ 类别	干系人细分对象
公司内部	项目经理、财政负责人、行政负责人、项目团队成员
公司外部	客户、竞争对手、供应商、社会公众

不同的干系人对项目有不同需求，他们关注的重点往往相去甚远。例如，客户往往十分在意项目进度，而团队成员往往更注重技术要求。干系人对项目的成功具有重要影响，同时，核心干系人对于项目的影响更加重大，因此项目经理要弄清楚哪些是核心项目干系人，明确其需求。只有这样，项目经理才能对干系人的需求进行管理并施加影响，确保项目获得成功。在众多的项目干系人中，客户和包括项目经理在内的团队成员是项目的核心干系人，项目经理需更重视客户与团队成员的需求。当客户与项目团队成员的需求产生冲突时，项目经理需要通过沟通

寻找到折中的解决办法，推动项目开展。

　　项目干系人管理的优势表现在以下几个方面。首先，通过项目干系人管理，能够得到更多干系人的支持，得到更多的资源。其次，项目经理能够了解项目干系人的需求，需求管理是项目干系人管理的组成部分。最后，项目经理能够预测项目干系人对项目的影响，尽早沟通和制订行动计划能够减少项目干系人的干扰。

　　在干系人管理方面，项目经理需要注意以下两个方面。

　　一方面，不同的项目干系人对项目会产生不同的影响。项目经理需要分析出对项目产生关键影响的干系人人群，以他们的需求为导向指导项目开展，未能识别关键项目干系人会极大地影响项目的开展。例如，在一个软件升级项目中，过晚地意识到法律部门是一个重要的项目干系人，会导致项目需求增加，带来额外的工作量。

　　另一方面，干系人对项目的影响可能是积极的，也可能是消极的。

　　积极的项目干系人指会从项目成功中获益的利害相关人，消极的项目干系人指在项目成功中看到负面结果的利害相关人。以社区工业发展项目为例，社区的开发者认为项目能够提高社群的经济效益，他们就是项目的积极干系人；而环境保护组织认为该项目会损害社区环境，他们就是该项目的消极干系人。

　　积极干系人会从项目成功中获得利益，因此他们会为项目提供支持；消极干系人则会站在其立场上阻止项目顺利推进。除了重视积极干系人对项目的影响外，项目经理也要重视消极干系人对项目的影响，如果在干系人管理中忽略了对项目消极干系人的管理，则会增加项目失败的风险。

2.2.2　SIPOC 法：干系人寻觅法则

项目沟通计划是项目管理计划中非常重要的一部分，但常常被忽视。很多项目中没有完善沟通计划，这使得沟通非常混乱，项目执行的效率也很低。因缺乏沟通导致项目陷入困境的事情也经常发生，原因就在于有些项目经理在制订项目沟通计划时，不能正确地、完整地识别出项目中的所有干系人，遗漏了关键干系人。

在制订项目沟通计划时，项目经理需要做好项目干系人分析。怎样识别出项目的所有干系人？项目经理可通过 SIPOC 法寻找项目干系人。

SIPOC 法也称宏观流程分析方法，是将内部流程与客户关键需求联系起来，识别项目重点的方法。其中，S 为 Supplier（提供输入的组织或个人），I 为 Input（输入），P 为 Process（将输入转化为输出的活动），O 为 Output（输出），C 为 Customer（客户）。

此方法可以用于项目中干系人的识别，如在制订项目的沟通计划时，可以制作一张 SIPOC 表格，为避免遗漏，可以从项目管理和产品开发两条线出发，列出项目的所有过程，如项目从启动、计划、执行、控制到收尾的管理过程，产品开发从需求收集、产品设计、编码、测试、交付验收的过程。按照 SIPOC 法，流程中的关键过程、步骤说明、输入、输出及过程结果输出的接受者、过程的输入提供者、过程结果输出的接受者都是项目的干系人。

表 2-5 举例列出了运用 SIPOC 法识别项目干系人的过程，其中项目的相关干系人有项目经理、产品研发人员、产品测试人员、上级领导、客户等。其他项目干系人分析也可以参考此法，以便较为全面地分析出项目有哪些干系人。

表2-5　SIPOC法的应用

Supplier	Input	Process	Output	Customer
项目经理	1. 项目策划规程 2. 成本估算指南 3. 各种计划相关的模板	1. 进行 WBS 分解 2. 进行项目成本估算 3. 制订项目计划 4. 制订进度计划 5. 制订质量保证计划 6. 制订测试计划 7. 制订配置管理计划 8. 评审项目计划及子计划	1.WBS 2. 项目成本估算 3. 项目计划 4. 质量进度计划 5. 质量保证计划 6. 测试计划 7. 配置管理计划 8. 项目计划及子计划评审报告	项目经理、产品研发人员、产品测试人员、上级领导、客户

在应用 SIPOC 法识别项目干系人时，也需要考虑被项目结果所影响的组织或个人、影响项目结果的组织或个人、有决定权的人、提供资源的组织或个人、为项目提供数据或信息的组织或个人等，避免有所遗漏。

2.2.3　干系人权力与利益分析模型

在管理项目干系人时，巧用工具能够事半功倍。项目经理可通过干系人权力与利益分析模型对不同类别的干系人进行分析和有针对性地管理，如图 2-3 所示。

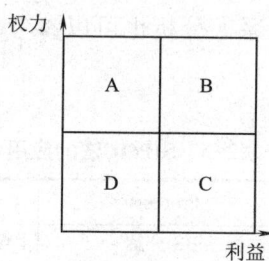

图2-3　权力与利益分析模型

权力与利益分析模型是根据干系人权力的大小及利益相关度对其进行分类的，能够表明项目与各干系人之间的关系。

处于 B 区域的项目干系人为项目权力高同时利益相关度高的人，这是项目经理最应关注的群体，这类干系人对项目有很高的权力，也十分关注项目的结果。项目经理应对其进行重点管理，及时向其汇报项目的进展情况，并尽力满足其需求，提高其对于项目的满意度。项目客户和项目经理的上级领导就是处于这一区域的项目干系人，提高其满意度可让项目经理获得更多的资源支持。

　　此外，处于 A 区域的项目干系人为项目权力高但利益相关度低的人，处于 C 区域的为项目权力低但是利益相关度高的人。这两类人群对于项目进展的影响也是很大的，如公司其他部门负责人以及供应商等。对于这两类干系人，项目经理也应及时向其告知项目的进展，如其对项目提出了某方面的质疑，项目经理也要积极与其沟通，避免其对于项目的负面影响。

　　处于 D 区域的干系人为项目权力低同时利益相关度低的人，如社会公众等。对于这类干系人，项目经理也不可忽视，可定期公布项目进度，便于这类干系人对项目进行监督。

　　项目经理要尽可能全面地识别出项目干系人，并收集与分析干系人的需求，千万不可遗漏重要的项目干系人。

　　某项目经理受客户委托研发一款软件产品，在前期沟通之前，项目经理了解了客户的产品负责人对于产品的需求、研发产品所涉及的技术、产品的客户等各方面的需求。在初次沟通中，项目经理向客户详细地介绍了产品的研发计划、功能特点等，客户方的产品负责人对于这些较为满意，但客户方的财务负责人认为产品的研发计划并不十分完善，存在资源浪费的问题，这会提高产品开发的成本，因此项目经理还需对项目计划进行完善。

　　在上述案例中，该项目经理就忽视了客户方的财务负责人对于项目的需求，为减少支出，财务负责人会要求在合理降低成本的前提下完成项目，而该项目经理由于在寻找项目干系人时忽略了财务负责人这一重要的干系人，导致初次沟通并未圆满完成。

在对干系人进行管理时，需要注意以下四个方面。

首先，要以积极的态度面对消极态度的干系人。当干系人对于项目产生了消极情绪时，项目经理要及时寻求问题解决办法，帮助其明确项目为其带来的正面影响。如果忽视消极态度的干系人，则会对项目的进展和项目结果产生巨大的负面影响。

其次，让干系人满意是进行干系人管理的目的。项目经理要明确重要干系人的利益诉求，在规定的范围、时间、成本、质量等的要求下顺利完成项目目标。

再次，要注意干系人之间利益的平衡。不同类别的干系人对于项目有不同的利益诉求，这些诉求之间也很可能存在矛盾。在各干系人之间的利益发生冲突时，项目经理无法同时满足所有干系人的利益。在这种情况下，项目经理要尽量缩小各干系人需求满足程度间的差异，不能过于重视或过于忽视某一方项目干系人的利益诉求。干系人管理的核心问题就是在不同类别的项目干系人之间寻找利益平衡点。

最后，要注意与干系人之间的沟通。随时与干系人进行沟通不但能够及时发现干系人方面产生的问题，从而及时解决问题，还能够与干系人建立良好的关系，有利于获得更多的支持。

2.2.4　召开项目启动会议

良好的开始是成功的一半，在项目执行前召开项目会议是十分有必要的。在项目启动会议上，项目经理可以将项目前期阶段的情况向上级、团队成员及相关人员进行通报，使其了解项目的背景和规划，为日后的配合做好准备。同时在会议上，项目经理还能够明确各项目干系人的职责，让其了解自己的工作内容和主要责任。

如何开好一场项目启动会议？首先，在会议召开前，项目经理要提前确认会议的参会人员及时间安排，通过合理的时间安排保证项目所有重要的干系人都能够到场。同时，项目经理需要提前给参会人员发放会议相关材料，并指出会议上将对项目启动问题做进一步讨论，让其仔细阅读会议材料，为会议中的讨论、发言做好准备。

其次，项目经理需要规划好项目启动会议的内容，主要包括以下几个方面。

1. 明确项目目标和交付成果

合理的项目目标能够在保证项目顺利完成的前提下将项目风险降到最低，是团队成员前进的动力。项目经理需要与团队成员确认项目目标。上下一致认可的目标能更好地落地执行。

2. 明确项目的规模、复杂性和类型

项目的规模、复杂性和类型是决定项目组织结构和人员配备的前提，也是项目策划的基础。

3. 明确项目组织、团队成员及其责任

项目组织是项目运转的中枢神经，合理地组建项目组织和配备团队成员可以使项目执行达到事半功倍的效果。同时项目经理需要明确每一名团队成员的职责，以便实现项目组织的高效运转。

4. 明确项目计划的内容和要求

项目计划并不是项目启动会议结束之后才开始开展的，在项目启动会议前，项目经理需要明确项目策划的内容和要求，并制订初步的项目计划，明确要完成的任务、员工职责及时间进度安排。通过制订项目计划，项目经理能够确认是否有执行项目所需的全部资源，并发现潜在的风险。此时的项目计划只是一个草案，项目经理需要在项目启动会上宣读项目计划，并号召参会人员对项目计划进行分析、讨论。项目经理需要将讨论的内容做好记录，并根据参会人员的意见和建议完善项目计划。

5. 明确项目的相关干系人

项目经理需要在会议上明确项目的相关干系人，除了团队成员外，还要关注客户、公司领导及项目的其他合作者等。明确了这些干系人后，项目经理需要针对不同的主体制订不同的沟通计划，并指定相关的沟通责任人。

6. 确保会议议题达成共识

项目启动会议完成时，应确保全部参会人员都对相关议题达成了共识，这是项目顺利开展的基础。如果针对某一问题没有达成共识，则需要对这一问题展开讨论。同时项目经理也应对重点问题做好记录，了解不同人的不同看法并提出建议。

项目启动会议能够明确各团队成员的职责，为其工作指明方向，有利于项目的顺利启动及执行。同时在召开项目启动会议时，项目经理要牢记以上要点，把握会议召开的流程和主要内容，确保会议圆满完成。

第3章
项目分配计划

项目启动后，项目经理需要将项目内容分配到每一位团队成员的身上。为保证分配的合理性，项目经理需要制订完善的项目分配计划，将项目分解成可执行、可实现的工作任务。WBS，即工作分解结构，是一个描述思路的规划工具，通过创建WBS，项目经理可对整个项目进行分解，有利于项目成员对于项目的执行和自己对于项目的管理。同时，在将项目分解成一个个可执行的活动后，项目经理还要对活动进行排序，以便进一步细化工作安排。

3.1　WBS：大项目拆解为小项目

WBS 是进行项目分解的有效方法，在通过创建 WBS 对项目进行分解时，要对其有一个全面的了解，了解 WBS 的要点、分解项目的步骤、分解项目的方法和注意事项等。

3.1.1　构建 WBS 的方法

WBS 具有三个关键词：任务、分解、结构。其中，任务即项目分解中产生的具体的工作任务；分解是一种逐步细分的层级结构，即把大项目拆分成小项目，将小项目分解为具体的工作，再将每项工作细分为众多活动；结构表明了各活动间的关联，即一项工作任务无论分解为多少活动，这些活动都应是结构分明的，活动之间存在着内在联系，项目经理只有了解活动间的联系，才能高效地完成工作。

通过创建 WBS 对项目进行分解时要遵循一定的原则，主要表现在以下两个方面。

一方面，将主体目标逐步细化分解，最细化的活动可直接分配给个人去完成。例如，在做尽职调查时，信贷人员需要与风控部门共同合作完成工作，通过 WBS 对任务进行分解时，应将信贷人员与风控部门具体人员的工作进行细分，明确每个人的具体工作。

另一方面，每个任务要求分解到不能再细分为止，这样更能简化员工的工作，指导员工一步步完成工作任务。

如何构建 WBS？构建 WBS 的方法有三种，如图 3-1 所示。

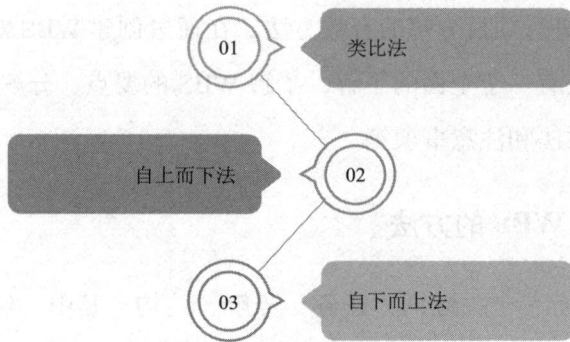

图3-1　构建WBS的方法

1. 类比法

类比法就是以类似项目的 WBS 为基础，创建本项目的工作分解结构。例如，对于一些以项目为主要业务的公司而言，其曾经完成的项目比较多。在针对一个项目创建 WBS 时，项目经理就可以套用之前类似项目中已经设计好的 WBS，以之前的 WBS 为基础创建本项目的 WBS。

2. 自上而下法

自上而下法是构建 WBS 的常用方法，即以任务的目标为起点，逐级对任务进行分解，是一个不断细化工作任务的过程。以产品设计这一任务为例，其可分为产品外观设计和产品功能设计两方面，同时产品功能设计又可细分为不同的产品功能。

3. 自下而上法

在使用自下而上法时，项目经理需要先确定与任务有关的各项具体活动，再将其进行整合，归纳到 WBS 的上一级内容中去，将 WBS 每一级的内容进行分类汇总，最终形成项目目标。

以进行尽职调查为例，按照自上而下的方法，项目经理需要尽可能详细地列出做好尽职调查需要完成的活动，如汇总借款人基本信息、检查借款合同、完成调查报告等，在列出细致的活动清单后，再将所有活动分类汇总，归纳到 WBS 的上一级中。

完成对项目的分解后，项目经理还需对分解后的各项活动进行检验，确定整个项目是否被完全分解，检查的标准如下。

（1）每项任务的完成情况是可以量化的。

（2）明确每项任务开始和结束的时间。

（3）每项任务都能够产生一个可交付的成果。

（4）每项任务的工期易于估算且在规定的时间范围内。

（5）每项任务的成本是易于估算的。

（6）各项任务是独立的。

（7）各项任务的完成能够实现整个项目的完成。

不论采取哪种方法创建 WBS，都要遵循一定的步骤并对分解后的各项活动进行检验。

3.1.2 WBS 分解的步骤

在进行项目工作分解时，项目经理需要遵从以下几个主要步骤。

首先，识别项目的各主要组成部分，即项目的主要可交付成果。

项目的主要工作指贯穿项目始终的工作。在进行这一步时，项目经理需要思考：要实现项目目标需要完成哪些主要工作？

其次，确定每个可交付成果是否已足够细化，是否能够进行成本和时间的估算。不同的可交付成果的分解程度也不相同，有的项目可交付成果经过三次分解就已足够细了，有的项目可交付成果可能需要进行四五次分解才会清晰。

再次，确定可交付成果的组成元素。组成元素应用具体的、可验证的结果描述，以便衡量员工的工作结果。具体、可验证的结果既可以是产品，也可以是服务。这一步的目的是明确要完成可交付成果，有哪些更具体的工作要做。对于这些组成元素，项目经理应说明需要取得哪些具体的结果才能够实现这些组成元素，同时需要明确完成这些组成元素的先后顺序。

最后，要核实分解的正确性。在这方面，项目经理需要思考以下几个问题。

（1）最终分解完的活动是否是必须要实现的？如果不是，就需要对上一级任务进行分析，对这项活动进行修改或删除。

（2）每项活动的定义是否清晰？如果不是，就需要重新描述活动或对活动进行扩展。

（3）每项活动是否都能够在一定的时间、成本范围内完成？如果某项活动需要花费过多的时间或成本，对其他活动的开展造成不良影响，就需要对这项活动进行调整，以便更好地对项目进行管理。

在对项目进行分解的过程中，项目经理还要注意以下几点。

首先，确定项目的分解结构的过程也是项目经理给团队成员分派各自任务的过程。项目经理要将项目分解、员工工作安排、员工职责明确等结合起来。

其次，项目最细化的活动必须是具体的，以便让员工明确自己的工作任务和职责。同时，这也便于项目经理对项目的执行情况进行监督。

再次，整个 WBS 的创建过程都需要以文字的形式确定下来，包括项目目标、项目的各级内容及分解流程、每项活动、每项任务及整个项目的进度计划、成本预算和人员部署情况等，以便后期随时查阅。

最后，对于一个项目而言，存在多种正确的工作分解结构形式，如按照专业分解项目、按照系统分解项目等，能够得出不同的工作分解结构。无论从什么角度创建 WBS，都要保证分解项目的合理性、分解结构的完整性。

3.1.3　创建 WBS 的不同角度

在项目管理过程中，项目规划是一个重要的环节，完善的项目规划能对项目进度、质量等起到很好的控制作用。在这一过程中，项目经理可以通过创建 WBS 分解项目工作内容，在此基础上再制订进度计划、估计项目的成本、合理分配资源等。

　　小项目创建的 WBS 十分简单，结构的划分一目了然，项目经理也能够较为容易地对项目进行分解并预估各项活动的时间、成本等。项目规模越大，创建 WBS 也越重要，同时 WBS 也越难做好。对于规模较大的项目而言，确定项目的 WBS 结构往往需要经过多次修正才能完成。

　　项目经理可以从不同的角度创建 WBS，对于规模较大的项目而言，从多个角度创建 WBS 都是合理的。项目经理可以按照专业、子系统、子工程或项目不同的阶段创建 WBS。不同方法的优缺点也不同，在创建 WBS 时，项目经理可以在 WBS 的不同层次使用不同的方法。

　　1. 按照专业分解项目

　　这种方法的优点是容易让人接受，局限性是不易协调。例如，在建设地铁时，假定按照专业将地铁建设拆分成土建和安装两项，分别指派不同工作的负责人。按照这种方法进行项目分解时就会出现一系列的土建工作和安装工作。如果某项工作的完成既包括土建工作又包括安装工作，那么这两组工作之间就会出现复杂的关系，其负责人也很难协调工作。

　　2. 按照系统分解项目

　　这种方法容易界定项目范围，但其适用场景容易受到限制，只适用于系统工作较多的项目中。系统与系统之间的联系比较简单，这种联系被称为系统界面或接口。系统间的界面比较清楚，按照系统分解项目更容易界定子项目的范围。

3. 按照项目的不同阶段分解项目

这种方法有利于项目经理控制中间结果。对不确定性较大的项目而言，项目最后的结果是未知的，控制项目的有效方法就是控制中间结果的进度和质量。

不同项目的范围、性质、目标不尽相同，项目的 WBS 结构也不一样。无论通过何种方法创建 WBS，都要以项目的实际需求出发，同时可在不同的层次从不同的角度创建 WBS。

3.1.4　一个分解项只由一人负责

在对项目进行分解后，项目经理还需要指定每一个小项目的责任人，同时每一个分解项只由一人负责。指定责任人能够提高员工的责任感，使其对自己的工作负责。同时，一个分解项只由一人负责则能够保证责权明确，便于项目经理对项目及员工进行管理。

在为每一个分解项指定责任人时，为了让目标能够更加顺利地实现，项目经理还应该让每位责任人签订目标责任书。

签订目标责任书主要有以下几个方面的优点。

（1）提高每位员工的竞争意识、责任意识。

（2）健全公司的竞争机制。

（3）让员工对自己的目标更加重视，并把压力变成动力。

（4）将工作目标用书面的形式展示出来，便于项目经理对目标执行过程进行管理。

在项目管理中，让员工签订目标责任书是一项必不可少的工作，项目经理要掌握目标责任书的制定。表 3-1 是一份目标责任书的模板，项目经理在制定责任书的时候可以借鉴此模板。

表3-1　目标责任书

××××公司
××项目目标责任书

根据公司的总目标，并综合考虑市场竞争、历史业绩、产品实际情况等多种因素，为了充分调动每位员工的工作积极性和工作热情，保证公司总目标能够顺利实现，在公平、公正、自愿的基础上，特别制定出"××项目目标责任书"，并在该责任书中明确每位人员的目标和责任。

一、目标责任人
二、目标任务
三、完成目标的时间期限
2020 年 1 月 1 日～ 2020 年 6 月 30 日
四、责任人应尽的义务
在签订年度目标责任书以后，责任人应该履行以下几项义务。
1．把完成工作目标作为未来工作的重心，做好规划，勤奋工作，要尽自己最大的努力去完成目标。定期对自己的工作进行总结、反思，及时改正工作中的不足。
2．严格控制好成本，做到不泄露公司机密，不违背职业道德，切实保障公司的利益。
3．自愿接受项目经理、公司高层等管理者的监督。
4．在此过程中，不得做与工作无关的事情，不得从事工作之外的第二职业，不能损坏公司的声誉。
5．严格遵守公司的规章制度。
6．严格遵守国家的法律、法规。
五、考核目标的办法
各责任人应该按照工作目标，安排好自己的工作。公司会成立一个或多个考核小组，对各责任人的工作进行考核。
六、奖惩方案
目标的完成情况为奖励的标准。如果 100% 完成了工作目标，就会获得相应的奖励。公司可以提供现金、旅游、股份等多种奖励方式，具体的方式要由责任人和公司协商决定。同时，对于没有完成目标的责任人，公司会根据考核结果决定是否对责任人做出处罚。

监督人：　　　　　　　　责任人：
　　年　　　月　　　日　　　　　年　　　月　　　日

这份目标责任书模板是包含奖励措施的，这就在一定程度上起到了激励人员的作用。有了这份责任书，员工可以明确知道自己可以得到的奖励，在完成目标时也更加有动力。

3.1.5　WBS 分解中的注意事项

WBS 的分解是一项复杂的工作，在进行 WBS 分解的过程中，项目经理需要注意以下几个方面。

1. WBS 分解的层级

在项目规划阶段，项目经理很难归纳出项目涉及的所有事项，对一些项目后期才能完成的成果，项目初期可能无法分解。工作分解过细，会造成管理成本的浪费，同时 WBS 各层级数据汇总也十分困难，而工作分解过粗会导致权责分工不清晰，也是不合理的。

合理的 WBS 能够体现项目职责的落实情况，责任到人是项目管理的核心，为了做到这一点，就要在每一层级 WBS 分解过程中考虑到项目的责任划分，确保每一个节点都有责任人相对应。

2. 不同分解方法之间的矛盾

一个项目通常会有多种分解方法，可以按照工作流程、可交付成果等进行分解。不同的分解方式侧重点不同，这就增加了 WBS 方法在具体场景下实施的难度。

如何解决这一矛盾？项目经理可以在应用 WBS 方法时，将其分为两个部分。上层部分为大项工作分解结构，将项目按级别划分若干大项，大项分解可以参考项目的生命周期、各里程碑控制点等进行划分；底层部分划分有一个完整的交付成果即可。

3. WBS 在项目各阶段的作用

WBS 在不同阶段有不同的侧重作用：在项目计划阶段，WBS 能够明确项目范围，是项目进度、成本估算的基础；在项目执行阶段，WBS 能够检查项目质量，对项目进度、成本进行控制；在项目结束时，WBS 主要用于项目绩效衡量。

3.2　活动排序

在通过构建 WBS 分解项目时，项目经理不必思考每项任务、每项活动的排序，在项目分解完成后再对每项活动进行排序。在进行活动排序时，项目经理要搜集与项目活动相关的各种信息，同时了解项目活动排序的逻辑，科学合理地对项目活动进行排序。

3.2.1　活动排序所需信息

在对活动进行排序之前，为了确保活动排序的全面性，要首先汇总有关活动的一系列信息，主要包括以下几个方面，如图 3-2 所示。

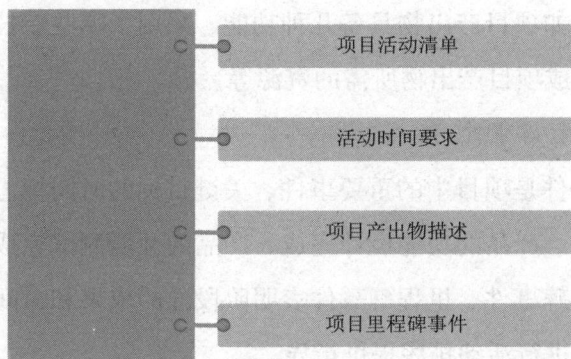

图3-2　需要汇总的活动信息

1. 项目活动清单

项目活动清单内容全面，包括项目计划开展的所有活动，表明每项活动开始的标志，同时详细说明每项活动的工作范围。通过汇总项目活动清单，项目经理能够了解每项活动开始的标志和工作范围，也能够保证活动排序的完整性。

2. 活动时间要求

项目经理需要汇总每项活动的时间要求，以保证活动排序的合理性。活动的时间要求包括活动的开始时间、结束时间、提前与滞后的时间期限、强制性日期等。

3. 项目产出物描述

项目产出物是定义活动的依据。项目经理需要通过可量化指标描述项目产出物,如项目产出物具备几种功能、采用了哪些新技术、所需的研发时间、完成项目产出物所需的资源等。

4. 项目里程碑事件

里程碑事件是项目中的重要事件、关键目标的时间标志,如产品的外观设计完成、产品的功能设计完成、产品的性能测试完成等,都可以视为项目里程碑事件。里程碑事件表明阶段性的成果和时间期限等,能够为项目经理进行活动排序提供指导。

在对项目进行排序前,项目经理有必要对上述信息进行整理归纳,从而使活动排序更加科学。

3.2.2 活动排序的逻辑关系

不同的活动之间存在着复杂的联系,要想保证活动排序的正确性,保证活动依次顺利开展,就要了解活动排序的逻辑关系。活动排序的逻辑关系包括两个方面,分别是硬性逻辑关系与软性逻辑关系。

1. 硬性逻辑关系

硬性逻辑关系又称为硬性依赖关系,是活动排序首先需要满足的逻辑关系。项目经理在确定活动先后顺序时,要明确哪些活动间的关系是硬性的。硬性逻辑关系指工作性质所固有的逻辑关系,往往涉及工作中实际的限制。例如,在施工项目中,只有完成地基建设,才能开始上部结构的建设;在电子产品项目中,只有先设计出原型机,才能进行测试。

2. 软性逻辑关系

软性逻辑关系又称优先逻辑关系或软性依赖关系，通常依据项目经理的经验或偏好定义。在确定活动先后顺序时，项目经理要明确哪些活动间的关系属于软性逻辑关系，并对这些逻辑关系进行详细记录。软逻辑关系活动的排序方式不是唯一的，不同排序方式对整个项目的进度有不同的影响，其排序方式影响着项目进度方案的选择。在对存在软性逻辑关系的活动进行排序时，项目经理需要综合考虑多种排序方式，分析其利弊，选择最优的活动排序。

此外，项目活动与非项目活动存在外部依赖关系，这也是项目经理在对活动进行排序时需要关注的内容。外部依赖关系影响项目活动的先后顺序及开展时间。例如，软件测试活动的进度会受到外部的硬件是否到货的影响，施工项目可能要在环境听证会后才能动工等。项目经理在进行活动排序时应识别外部依赖关系，可以与项目干系人一起讨论明确外部依赖关系，也可以参照相似项目的活动依赖关系。

不同活动间的逻辑关系分为四种类型，分别是 F–S、S–S、F–F、S–F。其中 F 为 Finish，意为结束、完成；S 为 Start，意为开始、启动。

（1）F–S 型：指结束—开始的关系，前序活动结束后，后续活动才能开始，如产品功能设计结束后才能够进行产品功能测试。

（2）S–S 型：指开始—开始的关系，前序活动和后续活动可同时开始，如果前序活动没有开始，后续活动也无法开始，如编写系统使用说明和系统的总体设计可同时进行。

（3）F-F型：指结束—结束的关系，前序活动结束后，后续活动才能结束，如果前序活动还没有结束，后续活动也就无法结束，如单元测试结束后集成测试才能够结束。

（4）S-F型：指开始—结束的关系，当前活动开始后，后续活动才能结束。如果当前活动还没有开始，后续活动就不能结束，如系统上线后项目才能够结束。

了解不同活动之间的逻辑关系是保证活动排序合理性的前提，项目经理需要深入了解、分析不同活动之间的逻辑关系，避免在活动的逻辑关系方面出现认知错误或忽视某些活动的逻辑关系，影响活动完成的质量和进度。

第4章
项目进度计划

项目进度计划包括每项活动的预计开始及预计完成日期，表明每项活动、每项任务及整个目标的完成期限。通过项目进度计划，项目经理可随时了解项目的进度，能够据此更好地安排之后的工作。影响项目进度的原因有很多，项目经理要仔细分析这些原因，在制订项目进度计划时避免这些问题，同时可以通过多种方法合理地制订项目进度计划。

4.1 影响项目进度的原因

项目的顺利进展需要各方面的协调运作，任何一方面存在问题都会影响项目的进度。项目进度计划僵硬、项目过于复杂、资源配置失衡等都会致使项目进度拖延。

4.1.1 项目进度计划僵硬

制订项目进度计划是指导项目顺利开展的依据，但项目进度计划并不是一成不变的。项目进度计划是对项目开展的一种预估，但在实际实施中，项目可能会发生一些意想不到的状况，为了保证项目如期完成，项目进度计划必须是灵活的，当项目出现状况时，项目进度计划也需要及时调整。如果项目进度计划僵硬，没有依据现实情况进行及时调整，则会对项目进度造成极大影响。

某信息系统集成公司主营系统开发业务，承接各种软件开发项目。2019 年 6 月，该公司承接某大型石化公司的一项软件开发项目，该石化公司拥有多家下属分厂，包括炼油厂、橡胶厂、塑料厂、腈纶厂等，其中炼油厂负责石油炼制，其他分厂提供生产原料，业务流程复杂。

丁健为该系统集成公司的项目经理，负责管理石化公司的这个项目，他召集了系统研发人员、测试人员、技术顾问等组成了项目团队。

项目在 6 月末启动，丁健以此前公司成功的系统项目为基础，搜集各分厂客户需求，制订了项目进度计划。项目进度计划在初期较为顺利，但在系统研发过程中却出现了问题，由于石化公司规模很大，炼油厂的业务繁杂，因此计划中的炼油装置模型需要进行修改。为解决这一问题，丁健临时制订了炼油模型的修改计划，这也使得这一任务远远超过了进度计划中规定的期限。在这之后，丁健并没有调整之后项目进度安排，导致之后的软件研发、软件测试等工作全部延期，软件最终未能如期交付。

在上述案例中，丁健对项目进度计划的执行就十分僵硬，项目实施过程中难免会出现问题，而当这一问题影响项目的整体进度时，项目经理就需要对项目进度安排进行调整，以实现项目如期完成的目的。

项目进度计划具有一定的灵活性，并不是制订好计划之后就不可更改，项目经理需要从实际出发，根据实际需求对项目进度计划进行修改。同时，计划是指导实践的依据，项目经理也不可随意对项目进度计划进行修改，否则计划就丧失了制订的意义。

4.1.2　项目过于复杂

项目的复杂程度对项目的进度具有重要影响，过于复杂的项目会极大地影响项目的进度，这是由复杂项目的高度不确定性导致的。复杂项目存在各方面的不确定性，体现为项目活动可能会多处重叠、活动信息庞大且复杂、实施周期长、可能需要多次返工等方面。

未雨绸缪才能有备无患，在面临复杂项目时，项目经理需要进行深度的项目调研，制订周密的项目进度计划，并在项目的实施阶段严格把控计划，通过进度分析、进度安排调整、加强沟通等方式确保复杂项目如期完成。

某公司主要为客户提供软件开发服务，随着客户业务越来越复杂，其所需交付产品的复杂性也在不断提高。蒋烨为该公司的项目经理，目前正在负责一项复杂项目的实施。由于该项目涉及多个产品同时交付，且线上业务对接接口多，适配开发多，客户设备安装站点准备不足，所以项目要想按时交付确实有一定的困难。如何应对这些困难是项目能否按时交付的关键所在。

为解决项目中的这些难题，蒋烨召集团队成员召开了项目讨论会。在会上，蒋烨全面分析了项目面临的几大难题，并与团队成员一起讨论这些问题的解决办法，最终得出了解决方案。

首先，线上业务承载的设备端口不足，新设备的采购还未完成，为不影响项目进度，可以通过临时解决方案保证业务测试按计划进行。即在测试阶段，线上设备以最小端口需求对接提供业务测试。

其次，由于项目涉及的产品多，需要和厂家对接的接口数量多，线上产品的厂家要求所有接口都必须进行测试。如何解决这一问题？对于这一问题，项目团队讨论出了以下解决方法。

第一，有重点地对所有接口进行测试，对相关接口进行分析，重点测试高风险的接口，对标准接口的测试可适当简化，以节省时间。

第二，客户引导。对于需要适配的接口引导客户在容易适配的设备上开发，以节省工期。

第三，对齐工期。对每个接口的适配和开发，都明确时间点、验收办法、上线时间点，以保证厂家开发适配不影响项目的交付工期。

再次，该项目需要同时和多个厂家的设备进行集成，这就有必要对各厂家集成范围做出详细要求，并将该活动的预算和商务问题告知客户。在这方面，项目团队提出了以下解决方案。

方案一：提前计划好活动的细节，同时为客户预留一定时间处理商务问题。

方案二：明确各方需要配合的事项及时间点，明确各方工作，使其能够提前评估工作并做好人力准备。

方案三：时时跟踪进度，确保对接集成按计划进行。

最后，调研结果显示，线上业务非常复杂，且不断有新的业务上线，业务继承是必须要解决的问题。通过对项目结果及客户业务信息的分析，项目团队决定通过如下方法解决线上业务的继承问题。

一是从客户的规划部门、营销部门等多个部门获取相关业务数据并进行比对。

二是请客户规划部门、营销部门等部门的负责人分别对对比后的业务列表进行确认。

三是项目交付时同步线上业务，同步配置新上线业务，已清理的业务在与客户确认后再删除。

四是进行业务测试，确保业务体验在新设备上线前后保持一致。

得出这些解决方案后，在项目实施的过程中，蒋烨也十分重视与客户的沟通，定期向客户汇报项目进度。同时，为推动项目的顺利完成，客户也积极配合蒋烨的工作。计划周密，诉求明确，再加上客户的支持，最终使得产品如期交付。

经过和客户各业务部门的沟通澄清，临时方案得到批准，在客户机房条件不具备的条件下，工期却没有明显的延迟。最终，电源和设备端口扩容在客户中高层的有力推动下，提前完成扩容，保证了最终设备按时验收。

总之，充分的业务调研、周密的进度计划、良好的沟通机制，这三者是保证复杂项目如期交付的关键。

4.1.3　资源短缺

资源短缺是影响项目进度的重要原因，主要由以下两方面造成。

一方面是资源分配失衡。项目的可投入资源是有限的，将有限的资源进行合理的分配，保证各环节间资源的平衡，项目才能够顺利进行下去。如果在项目的某一环节中投入的资源过多，势必会导致其他环节的可用资源不足，这无疑会影响这些工作的进度。

另一方面是资源供应不足。物资材料供应不及时，影响项目进度，形成供应短期或长期停顿，就会导致工期延误，同时质量也难以保证。另外，项目所需设备不能及时到位，不能及时开展工作，也会影响项目的有效开展和进度的实现。

2019 年 3 月，A 公司与 B 公司签订了《建设工程施工合同》，A 公司将某经济适用房项目交由 B 公司负责。合同约定：开工日期为 2019 年 3 月 10 日，竣工日期为 2020 年 4 月 15 日；承包范围为施工图范围内的土建、安装工程。

在施工中，因混凝土供应商混凝土供应延期导致工期延误 10 天，2020 年 4 月 25 日，工程通过竣工验收，工期延误共 10 天。工程竣工验收后，A 公司与 B 公司无法就工程结算价款达成一致，B 公司应承担工期延误违约责任，按合同约定标准向 A 公司支付工期延误违约金。

由上述案例可知，资源短缺会极大地影响项目的进度，如造成项目延期交付，就会给公司带来不必要的经济损失。因此，在设计项目进度计划时，对资源的分配和管理是不可忽视的一项重要内容。

资源管理工作包括以下几个方面。

（1）物资材料的管理。即对各种物资材料的需求计划、报批审核、采购、清点、存放、发放和回收所进行的有计划的管理工作。项目经理要注意物资材料供应的多变性、材料消耗的不均衡性及运输的安全性等。

（2）设备的管理。正确使用和管理设备，以提高项目的效率。项目经理需要对设备进行集中管理、集中分配，提高设备的利用率。

（3）人力资源的管理。项目经理需要有计划地对人力资源进行合理调配，并通过各种激励措施激发员工工作的积极性。

（4）资金的管理。物资材料、设备和人力资源以及产品的开发都离不开资金的支持。项目经理需要通过对资金的预测、对比等，合理分配资金，以降低项目成本。

为避免资源短缺影响项目进度，项目经理需要对物资材料、设备、人力资源、资金等进行合理分配及严格把控，将各种资源的使用控制在合理的范围内。

4.2 如何制订项目进度计划

制订项目进度计划能够让项目经理清楚地了解项目的进展，明确每项活动是否顺利，明确项目是否可以如期完成。当项目进度出现问题时，项目经理也能够及时发现并解决问题。为了充分发挥项目进度计划的作用，首先要制订合理的项目进度计划。科学的方法能够保证项目进度计划的合理性，甘特图法、关键路径法、计划评审技术法等都是制订项目进度计划的常用方法。

4.2.1　甘特图法

甘特图又被称为横道图、条状图，它能够通过活动列表和时间刻度表示出项目的活动顺序与持续时间。在甘特图中，横轴表示时间，纵轴表示项目，线条表示在整个周期内计划和实际的活动完成情况。它能够清晰地显示出任务计划在什么时候进行、任务的实际进展，同时能够显示出二者之间的对比。项目经理可据此掌握项目的工作进度。

甘特图能够将活动与时间联系起来并为活动排序，表明每件工作的完成时间。项目经理可据此检查工作进度，明确哪些工作是按期完成的，哪些工作是延期完成的。

在项目管理中，甘特图被广泛应用。它可以预测项目的时间、成本及质量，也能为项目经理考虑人力、资源、日期等项目中重要的要素提供帮助。项目经理可通过甘特图了解任务的进展情况及资源的利用率等。甘特图不仅能够应用到生产管理领域，还能够应用于建筑行业、互联网行业、汽车行业等行业中。

甘特图的具体绘制步骤如下。

（1）明确项目涉及的各项活动：内容包括项目名称、开始时间、工期、工作类型等。

（2）创建草图：将所有项目按照时间顺序标注到甘特图上，同时表明项目的工期。

（3）确定项目活动之间的关系及时序进度。将项目联系起来并规划项目进度。这里要避免关键性路径过长。关键性路径是由贯穿项目始终的关键性任务所决定的，它既表示了项目的最长耗时，也表示了完成项目的最短可能时间。

（4）计算单项活动任务的工时量。

（5）确定活动任务的负责人及适时按需调整工时。

（6）计算整个项目时间。

甘特图的图形化概要，易于理解，但其也有局限，它只能够在一定程度上反映出项目管理时间、成本和范围的三重约束，其主要关注的是时间管理；项目活动的内在关系过多时，杂乱无章的线条必将增加甘特图的阅读难度。

4.2.2　关键路径法

关键路径法也被称为关键性途径方法，其通过网络图表示项目中各项活动之间的关系，明确控制项目工期的关键路线。关键路径法能够将项目分解为多个活动并确定每个活动的工期，然后依据逻辑关系将其连接，计算项目的工期、活动间的时间特点等。同时，关键路径法也能够对项目的资源需求和分配进行分析。

关键路径法分为箭线图（ADM）和前导图（PDM）两种形式。

箭线图又称为双代号网络图，以横线表示活动，以带编号的节点连接活动，活动间存在逻辑关系，其绘制规则如下。

（1）箭线图中不能出现回路。回路体现出了逻辑上的错误，并且会导致计算的死循环。

（2）箭线图要求从左向右绘制，以便符合人们的阅读习惯，增加箭线图的可读性。

（3）每一个节点都要编号，号码可以不连接，但不能重复，同时按照前后顺序不断增大。

（4）一般而言，编号不能连续，要预留出间隔，以便在绘制箭线图的过程中随时加入需要增加的活动，如果编号连续，新增加活动就难以被编号了。

（5）在绘制箭线图时，一般而言连线不能相交，在相交无法避免时，需要明确线条的指向。

箭线图表示项目的完整计划，因此必须具备清晰的逻辑关系。另外，在绘图时一般使用直线和折线，以保证线条逻辑方向的清晰性。

前导图又称单代号网络图法，其以节点表示活动，以节点间的连线表示活动间的逻辑关系，其绘制规则如下。

（1）前导图需表明活动间的逻辑关系。

（2）前导图要求从左向右绘制。

（3）在前导图中，禁止出现双向箭头或无箭头的连线。

（4）在前导图中，每个箭线的箭头和箭尾都必须有相对应的节点。

关键路径法是制订项目计划的有效方法，项目经理可据此排列出项目中的各项活动并明确各活动间的逻辑关系，在此基础上确定各项活动的时间安排。同时，在箭线图或前导图绘制完成后，项目经理需要对图像中的活动排序进行检查，保证各项活动间的排序在逻辑上是正确的。

4.2.3　计划评审技术法

计划评审技术是用最少的时间和资源完成预定目标的一种计划方法，即把项目当作一种系统，用网络图、表格、矩阵等表示各项工作的先后顺序和关系，以时间为中心，找出整个项目中所需要时间最长的关键路线，围绕关键路线进行统筹规划并对各项工作的进度进行严密的把控，以达到目标。

计划评审技术能够表示出项目包含的各种活动的先后顺序，表明各项活动的时间及成本。项目经理能够据此考虑要做哪些工作，确定不同工作之间的关系，分析出可能出问题的环节，还可以对不同方案的工作进度和成本进行比较。

在通过计划评审技术进行项目规划时，需要明确四个概念。

（1）任务：表示主要活动结束的那一点。

（2）活动：表示从一个任务到另一个任务间的过程。

（3）松弛时间：不影响完工前提下能够被推迟的最大时间。

（4）关键路线：整个项目中耗时最长的任务及活动序列。

采用计划评审技术对项目进行规划的结果很大程度上取决于对活动任务的安排，如果能够合理地安排好各项活动的先后顺序和完成时间，则可以大大缩短项目完成的时间。

计划评审技术和关键路径法的基本原理是一致的，都是用网络图表示项目中各项活动的进度和彼此之间的关系，在此基础上确定关键活动和关键路线，并不断调整与优化网络，尽可能地缩短周期。在通过这两种方法对项目进行规划时，还可以将成本问题考虑进去，以优化项目计划方案。

4.3　如何进行项目进度管理

制订好项目进度计划之后，关键的工作就是进行项目进度管理。项目经理要通过完善的项目进度管理，确保项目能够按进度计划顺利开展并完成。在进行项目管理的过程中，项目经理要建立项目进度汇报制度对项目进度进行追踪，通过会议了解项目进度，解决项目实施中的问题。

4.3.1　建立项目进度汇报制度

在项目进度计划实施的过程中，对项目进度进行追踪与监督是十分有必要的，项目经理需要时时了解项目进度，为之后的科学决策提供依据。建立项目进度汇报制度能够使团队成员对项目进度汇报重视起来，也能够确保项目进度汇报工作的落实。

项目经理首先要为不同的工作指定不同的负责人负责项目进度的汇报工作，可根据里程碑进度计划将整个项目划分为不同的阶段，然后确定每个阶段的负责人。确定好负责人后，项目经理还需要制定一定的制度，引导各负责人按照制度开展项目进度汇报工作。

表4-1所示为项目进度汇报制度模板，项目经理在建立项目进度汇报制度时，可参考此模板。

表4-1　项目进度汇报制度模板

某项目团队进度汇报制度
一、制订目的 为了更好地对项目进行管理，及时准确地掌握项目的进展情况，落实项目进度汇报工作，特制订本项目进度汇报制度。 二、汇报类型 项目进度汇报包括周汇报和月汇报。各项目汇报工作负责人应在每周周五之前向项目经理提交书面周汇报，在每月28号之前向项目经理提交书面月汇报。 三、项目进度汇报的主要内容 1.周汇报内容 （1）项目进展情况。 （2）项目质量、安全控制情况。 （3）当前遇到的困难和可实施的解决方案。 （4）需要上级有关部门协调解决的问题。 （5）下周工作计划。 （6）其他有关事宜。

2.月汇报内容

(1) 进度管理。

(2) 安全管理。

(3) 质量管理。

(4) 技术管理。

(5) 项目资金管理。

(6) 劳务工管理。

(7) 成本管理。

(8) 项目管理其他方面。

(9) 要上级有关部门协调解决的问题。

四、汇报要求

(1) 各负责人在进行项目进度汇报时，应对汇报内容的真实性、准确性负责，严禁弄虚作假。项目经理将不定期对项目进展情况进行检查，如发现负责人存在弄虚作假的行为，将视情节及后果轻重对责任人进行处罚。

(2) 项目进度汇报应及时，在规定时间范围内完成汇报工作，如不及时进行工作进度汇报，将视情节轻重对责任人进行处罚。

五、本《制度》从颁布之日起开始执行

项目进度汇报工作贯穿于项目管理的始终，项目经理需要定期与各负责人进行沟通，听取其对项目工作的汇报。在各负责人汇报完成后，项目经理需要对全部的汇报内容进行汇总与分析，并召开项目会议将项目进度告知全体团队成员，使其明确项目进度。同时在会上，项目经理还需指出哪些工作在进度方面存在问题并通过讨论确定解决方案。此外，项目经理也需要定期向上级、客户等汇报项目进度，与其保持良好的沟通。

4.3.2　建立良好的沟通管理机制

在项目进度管理的过程中，除了对项目工作的开展进行把控外，项目经理还需要加强与各方干系人的沟通，建立良好的沟通管理机制。需要保持良好沟通的各方干系人主要包括项目经理的上级领导及其他各部门领导、客户及团队员工等。

首先，项目经理要与上级领导及其他各部门领导保持良好的沟通，定期向其汇报工作进展情况，同时当项目实施过程中的某些方面需要上级领导与其他部门领导的支持时，项目经理更需要积极与其沟通，以便获得支持。

其次，项目经理需要与客户保持良好的沟通。客户可能会在项目实施的过程中提出一些新的要求，满足这些要求无疑会影响项目的进度，项目经理需要通过与客户的沟通了解其需求，与客户协商项目的开展情况。同时，加强与客户沟通也能够让项目经理获得更多的客户方面的信息，获得必要的客户方面的支持。

最后，项目经理要加强与团队成员的沟通。项目进度计划并不是制订好就可以了，项目经理需要随时与团队成员进行沟通，而定期开展会议就是与团队成员进行沟通的好办法。定期开展会议可以让员工明确自己的工作目标、完成目标需要准备的工作、需要与哪些人进行配合等，也可以让项目经理明确当前工作中存在的问题，以便及时解决问题，推动项目按进度计划顺利进行。

并不是所有的会议都能够实现有效沟通，为了实现有效沟通，确保会议的效率，项目经理需要做好以下几方面的事情。

1. 会议前

在开展会议之前，项目经理要明确会议的目的，如汇总各员工工作进度，分析员工工作中存在的问题，针对问题提出解决方案等。

同时，项目经理要做好会议的准备工作，确定召开会议的时间、地点、参会人员、所需物料和会议流程等，并及时下发会议通知。

2. 会议中

在会议进行过程中，项目经理要注意把控会议的进程，员工汇报、分析问题、讨论解决方案每一环节都需有时间控制，当员工的讨论偏离主题时，项目经理要及时将会议内容拉回正轨。同时，良好的会议必须有纪律，项目经理需要规定好项目的纪律，如不得迟到早退、不得玩手机等。

此外，会议必须有决议，即针对讨论的问题必须得出解决方案，会议不可半途而废。项目经理需要指定专人做好会议记录，记录下会议中提出的问题及形成的解决方案，便于会后追踪。

3. 会议后

会后追踪也是召开会议的重要内容，针对会议中提出的问题的解决方案，项目经理需要通过追踪明确员工是否执行了解决方案，同时明确解决方案是否达到了预期的目标。

建立良好的沟通管理机制能够让项目经理及时了解项目进度及项目实施过程中出现的问题，同时也能够通过与各方的沟通获得来自各方面的更多的支持，有利于项目进度计划的顺利开展。

第5章
项目风险计划

任何项目都是存在风险的，这些风险来源于项目计划制订和项目实施过程中的方方面面，客户需求变更频繁、项目计划制订不合理、项目资源缺乏、项目质量出现问题等都是项目实施过程中存在的风险。为保证项目能够更顺利地实施，制订项目风险计划是十分必要的。

如何制订项目风险计划？项目经理需要在项目开展前做好风险识别，量化识别出风险并制订风险控制方案。为完成这一系列的工作，项目经理需要掌握风险识别、风险量化和风险控制的方法。

5.1 提前做好风险识别

在项目开展前做好风险识别是制订项目风险计划的前提，项目风险识别即对项目实施过程中各方面的风险进行分析、预测，项目风险识别的全面性能够在一定程度上保证项目风险计划的科学性。在进行风险识别时，项目经理要掌握一定的方法，头脑风暴法、SWOT 法和德尔菲法都是进行风险识别的有效方法。

5.1.1 头脑风暴法

利用头脑风暴法进行风险识别即在没有限制的环境下，召集多人对某一任务的风险进行自由联想和讨论的方法。这种方法能够打破常规，使参会人员积极思考、充分发表自己的看法，从而达到良好的会议效果。

在使用头脑风暴法时，首先要确定问题的关键词，这样才能进行下一步的方法实施。其次，项目经理要事先对将要讨论的问题进行分析和研究。问题的关键词是会议的中心议题，如果关键词出了差错，那么整个会议就偏离了问题的关键，召开会议也就没有了意义。因此，确定问题的关键词是非常重要的工作。项目经理可以通过以下方法确定问题的关键词，如图 5-1 所示。

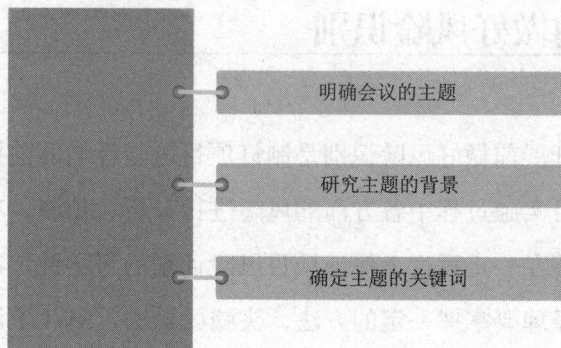

图5-1　确定问题关键词的方法和步骤

1. 明确会议的主题

项目经理要明确会议的主题，头脑风暴会议中需要一个明确、清晰的问题作为会议讨论交流的主题。项目经理可以把整个项目的风险识别作为会议的主题，也可以把项目中某项工作的风险识别作为会议的主题。

2. 研究主题的背景

每个项目主题都有其存在的背景，分析问题背景能够帮助项目经理找准问题的关键。在针对整个项目或某项工作进行风险识别时，项目经理要分析有关项目或工作的成本、时间安排、资源配置、公司内外部环境变化等问题，明确会议主题的背景。

3. 确定主题的关键词

明确会议的主题后，项目经理还要筛选与主题相关的关键词，可以主题为中心确定好与主题相关的3~5个关键词，以便为参会人员提供细化的讨论焦点。例如，项目经理在将项目中的某项工作的风险识别作为会议的主题时，可以将这项工作的成本风险、时间风险、外部环境风险等作为会议的关键词。

头脑风暴的目的是获得更多、更有价值的解决问题的方法。人们对同一件事情的看法和观点往往是不同的，因此，参会的人数越多，会议的效果就会越好。

在组织员工进行头脑风暴时，项目经理可以邀请一些项目领域内的专家进行专业性的发言，同时也要召集公司内部的研发人员、设计人员等，让其讲明产品的实际研发情况；召集产品的运营人员，让其从营销角度对产品的设计提出建议。

这些人员有各自的优势和擅长领域，能够从不同角度考虑和分析项目进展及产品设计过程中存在的风险，并给出专业性的意见和建议。在对这些人员进行挑选时，项目经理要遵循以下三个原则，如图 5-2 所示。

- 保证参与人员的全面性
- 参与人员的专业能力要突出
- 保证参与人员的职位平等

图5-2　选择人员时需要遵循的三个原则

1. 保证参与人员的全面性

在组织头脑风暴会议时，项目经理需要邀请产品的外观设计人员、开发人员、测试人员、运维人员等与项目相关的各方人员参加头脑风暴会议，保证人员的全面性。

2. 参与人员的专业能力要突出

一个项目中的工作人员比较多时，项目经理要从中挑选具有较高的专业能力的人员参加会议，其对项目的了解越全面、专业能力越突出，越能够发现项目中存在的风险并给出专业性的建议。

3. 保证参与人员的职位平等

在头脑风暴会议开展的过程中，轻松、愉悦的气氛能够让参会人员各抒己见。而如果会议中有很多公司的领导，其他参会人员就会产生紧张感，发言的频率和效果就会下降。因此，项目经理在选择参会人员时，要选择那些与项目密切相关、职位平等的人员。

5.1.2 SWOT 分析法

SWOT 分析法是帮助项目经理进行风险识别的有效方法，且较为容易操作。SWOT 分析法由以下四个部分组成，如图 5-3 所示。

如图 5-3 所示，SWOT 分析法中，S 为 Strength，意为优势；W 为 Weakness，意为劣势；O 为 Opportunity，意为机会；T 为 Threat，意为威胁，其是一种对项目中的优势因素、劣势因素、可能存在的机会与威胁进行分析，以识别项目风险，并提出解决风险的对策的方法。因此，SWOT 分析法是对项目内外部条件各方面进行概括，进而分析项目的优劣势、面临的机会与威胁的一种方法。

	01		02
优势 Strength		劣势 Weakness	

	04		03
机会 Opportunity		威胁 Threat	

图5-3　SWOT分析法

SWOT 分析法主要包括两个部分，一部分为"SW"，即优势与劣势分析；另一部分为"OT"，即机会与威胁分析。

1. 优势与劣势分析

优势与劣势分析主要是指公司与行业内其他公司的对比，项目的开展离不开公司的支持，如果公司在行业内处于技术领先地位，那么项目也将在技术资源方面更具竞争优势。通过优势与劣势分析，项目经理能够明确公司能够为项目提供的优势，也能够明确公司在资源、人才等方面的劣势，这意味着项目在实施的过程中可能得不到足够的支持。公司的劣势是项目风险的来源之一。

2. 机会与威胁分析

机会与威胁分析主要是对外部环境的分析，如政府政策是否有变化、客户是否会更改需求、产品上市后是否会出现盗版替代产品等。外部环境的变化可能会为项目带来机会，也可能会为项目带来威胁。项目经理需要依据各方面数据分析、预测外部环境的变化，同时制订项目风险计划将项目风险控制在一定范围内。

利用SWOT分析法对项目进行分析，可以发现项目实施的有利因素，也会发现项目实施过程中可能存在的问题。这些可能发生的问题就是项目风险的来源，项目经理需要根据这些问题找出解决办法，或制订风险控制方案将风险控制在可承受范围内。

在通过SWOT分析法分析项目风险时，项目经理可通过建立SWOT矩阵来分析项目的这四个方面，见表5-1。

在建立好SWOT矩阵并对项目的优势、劣势、机会与威胁进行分析后，项目经理可据此制订出相应的项目风险计划。制订计划的思路为发挥优势因素，克服劣势因素，利用机会因素，消除威胁因素。

在SWOT分析结果中，"SO"是项目的优越之处，是解决风险的重要途径，需要利用好这些因素化解项目风险；"ST"是项目的风险潜在区，要做好合理的监控，降低威胁产生的概率；"WO"是项目风险的中度发生区，需要对这些因素进行风险评估，制订风险监督计划。"WT"
是项目风险高发区，需要对风险进行损害分析，制定风险应对方案，尽
量将损失降到最低。

表5-1　SWOT矩阵

内部因素 外部因素	优势 公司口碑良好、资金充足、 拥有技术与成本优势	劣势 研发设备老化、缺乏关键技术、 资金短缺
机会	SO：优越之处	WO：中度发生区
产品具有创新优势、 市场中未出现其他同类产品	利用这些	改进这些
威胁	ST：风险潜在区	WT：风险高发区
政府政策有变动、客户需求 有变动、有其他同类产品 涌入市场、突发事件	控制这些	消除这些

5.1.3　德尔菲法

德尔菲法也称专家调查法，是一种反馈匿名函询法，其流程为以需
要预测的问题征求专家意见，并对专家意见进行归纳、统计，再将结果
匿名反馈给各专家，同时再次征求专家的意见，对意见进行归纳、统计
及反馈，直到得出一致意见。

德尔菲法是一种通过函询形式进行的集体匿名交流过程，可用于项
目风险的预测，它有三个特点，如图 5-4 所示。

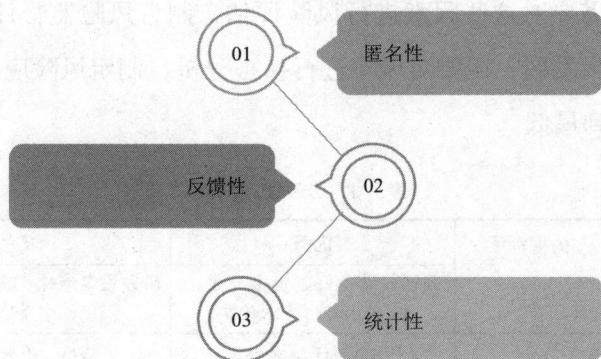

图5-4　德尔菲法的三个特点

1. 匿名性

匿名性是德尔菲法的重要特点，预测风险的专家匿名发表意见和进行思想交流，这使得专家能够充分表达自己的想法，免受别人的影响。

2. 反馈性

德尔菲法需要经过 3~4 轮的信息反馈才能够完成预测。在反馈中各专家可对反馈结果进行深入研究，通过几轮的信息反馈与意见汇总，最终得出的结果更为客观、可信。

3. 统计性

一些多人集中预测的结果会集中反映多数人的观点，并不重视少数人的意见，而多数人的观点并不一定是正确的观点。而德尔菲法能够统计每一位专家的观点，避免了预测反馈中只反映多数人观点的缺点。

德尔菲法的具体实施步骤如下。

（1）确定预测主题，拟定提纲，准备向专家提供的资料，如预测目的、期限、调查表及填写方法等。

（2）组成专家小组。按照具体项目类型，确定相关方面的专家。专家的人数可根据预测主题的大小而定，一般不超过 20 人。

（3）向专家提出所要预测的问题及要求，并附上有关这个问题的背景材料，同时询问专家对于背景材料的需求。

（4）各专家根据收到的材料，以书面形式提出预测意见，并说明提出这些预测意见的理由。

（5）将各位专家第一次预测意见汇总，列成图表，再发给各位专家，让专家参考其他人的不同意见，修改自己的意见。

（6）收集、汇总各专家的修改意见，再次反馈给各专家，以便做第二次修改。逐轮收集并反馈意见是德尔菲法的主要环节，这个过程一般要经过 3～4 轮。在向专家进行反馈时，只向专家反馈各种意见，同时保证各种意见是匿名的。这一过程重复进行，直到各专家形成最终意见为止。

（7）对专家的意见进行综合处理，得出最终的预测结果。

例如，某项目经理就采用德尔菲法对项目的风险进行了预测。项目经理选择了各方面的技术人员、财务部负责人、项目部负责人等组成专家小组，将项目开展的相关背景材料发给各专家，请大家分析项目实施过程中可能存在的风险、风险发生的概率、风险发生的原因及如何应对风险等，同时针对上述判断讲明理由。

在完成第一次预测后，项目经理将各专家的意见收集起来，统计整理后反馈给各位专家，请各位专家参考他人的意见，思考自己的预测是否需要修改。在第二次预测过程中，除了一位技术人员外，其他专家都在此轮预测中对自己之前的预测结果进行了不同程度的修正。将这一环节重复进行，在第三次预测中，又有几名专家再一次修改了自己的意见。而到第四次预测时，所有专家都不再修改意见。这时，预测环节结束，各专家的最终预测结果已经产生。最终，各专家提出了项目在成本、实施进度、资源分配、技术支持、客户需求等多方面的潜在风险，同时针对不同的情况提出了多种风险应对方案。

德尔菲法能充分发挥各位专家的智慧，集思广益，更具科学性。同时，又能避免专家会议法的缺点，如权威人士的意见影响他人的意见，有些专家碍于情面，不愿意发表与其他人不同的意见等。德尔菲法的缺点是过程烦琐，花费时间较长。

5.2 风险评估方法

风险评估是衡量风险发生的概率以及分析风险对项目目标影响程度的过程，其目的是确定哪些事件需要制定应对措施。对项目风险进行评估是制订项目风险计划的依据，项目经理可依据风险量化分析制订更有针对性的风险监控计划。决策树分析法和蒙特卡罗风险模拟法都是风险量化的有效方法。

5.2.1 决策树分析法

在项目实施的过程中，同一个问题可能会有不同的解决方案，不同解决方案的收益与风险也不同，在这种情况下，项目经理应如何决策？为更好地规避项目风险，项目经理需要利用决策树分析法对不同的方案进行对比分析，做出最优选择，以此降低项目实施的风险。

决策树分析是运用概率与图形分析对不同方案进行比较，最终得出最优方案的决策方法。决策树由树根（决策节点）、其他节点（状态节点）、树叶（结果节点）、树枝（方案分枝、概率分枝）组成，如图 5-5 所示。

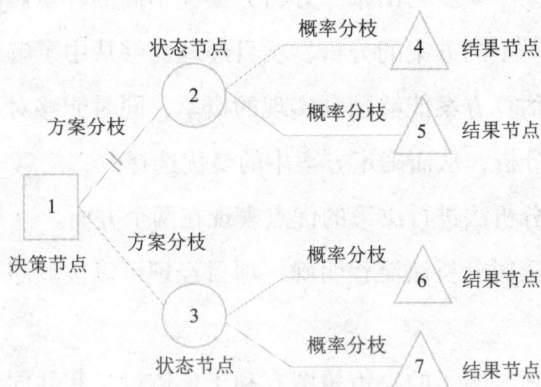

图5-5 决策树图

某项决策的出发点，称为决策节点，用方框"□"表示。方框内同时可标注其为第几级决策节点。一项决策通常有若干可供选择的方案，形成多个方案分支，用若干条直线"—"表示。在方案枝两侧可标注方案的含义和相关参数。方案在实施过程中由于存在风险性，可能出现多种状态，方案在各状态下所获得的结果，如收益、成本等用圆圈"○"表示，称为状态节点。每一方案可能出现的各种状态用线条"—"表示，线条两侧可标注状态的代号或概率等参数，称为状态分枝或概率分枝。方案在不同状态下可能获得的结果用"△"表示，称为结果节点。被舍弃的方案用"≠"的记号表示。

项目经理可以利用决策树分析法对项目风险进行分析。在决策工作方案时，项目经理可以需要决策的项目事件为中心，通过绘制决策树图将多个解决方案——罗列出来，分析方案在不同的环境影响下会有怎样的结果。通过对不同方案的分析，项目经理能够从中了解每种方案可能存在的风险、估算方案能够顺利实现的概率，同时能够对不同方案的风险性进行对比分析，从而确定方案中的最优选择。

用决策树分析法进行决策的优点表现在两个方面。

第一，决策树分析法流程明确，项目经理可以按顺序有步骤地进行分析、决策。

第二，清晰、明了的决策树图有利于集体讨论和共同分析，有利于进行集体决策。同时决策树分析法也存在缺点，图中很难展示出所有参数，显得不全面。另外，如果分枝太多，图表绘制起来也十分不方便。

5.2.2　蒙特卡罗风险模拟法

某事件的概率可以通过众多试验中该事件发生的频率来估算，如果样本容量足够大，则可以认为该事件的发生频率即为其概率。因此，可以对影响事件可靠度的随机变量进行多次随机抽样，再把这些抽样值分别代入功能函数式，确定结构是否失效，最后求得结构失效的概率。蒙特卡罗风险模拟法就是基于此思路进行分析的。

蒙特卡罗风险模拟法的原理是：假定随机变量 X_1、$X_2\cdots X_n$ 和 Y，其中 X_1、$X_2\cdots X_n$ 的概率分布已知，且 X_1、$X_2\cdots X_n$ 和 Y 有函数关系：$Y=F$（X_1、$X_2\cdots X_n$），以此求得随机变量 Y 的近似分布情况。通过抽取符合其概率分布的随机数列带入函数关系式计算获得 Y 的值，在进行多次试验后，就可以得到相对准确的 Y 的概率分布情况。

蒙特卡罗风险模拟法能够较好地解决项目中现金流的随机性及不确定性，同时其数值模拟是通过计算机进行的，能够提高模拟结果的科学性和效率。其预测结果能够表明预测值的最大值、最小值、最可能值，表明预测值的区间范围和分布规律。

由于蒙特卡罗风险模拟法要求变量服从一定的概率分布，但实际概率的分布不一定完全拟合某一分布律。这就要求项目经理在搜集数据时，能够获得尽量多、尽量准确的数据，这样在对数据进行处理时，就能够得到更精确的概率分布，提高蒙特卡罗风险模拟法的效率。

5.3 风险监视与控制

项目经理要在项目实施过程中对风险计划的实施进行有效的监控。只有做好监控措施，才能有效控制风险。风险监控包括风险监视与风险控制两部分。

风险监视即在风险防范的过程中，持续监视风险因素的发展变化，对风险应对计划的实施进行评估，并随着信息的不断收集不断完善风险应对计划，为风险控制提供保障。风险控制是风险发生时，按照风险应对计划采取措施的过程。这是一个动态的风险防范过程，既包括既定应对计划的实施，也包括当风险情况发生变化时，对风险的重新评估与风险应对计划的完善。

5.3.1 风险监控的必要性

风险监控是项目风险管理工作的关键环节，对项目实施的顺利与否有直接的影响。一些项目周期长、风险因素多，而有效的风险监控能够为项目的实施提供贯穿全程的动态、持续的风险管理保障。

对项目风险进行监控是十分有必要的，主要表现在以下两个方面。

首先，风险监控有利于完善此前制订的风险应对计划。项目活动的风险具有渐进明细的特点，随着项目活动的持续开展，与活动相关的信息会越来越多。而项目初期制订的风险应对计划是在信息较为缺乏，有着较大不确定性的情况下制定的，风险监控工作能够随着项目的实施不断搜集新的信息，为完善风险应对计划提供依据。

其次，风险因素具有动态变化的特点，并不是一成不变的，同时风险发生前往往是有预兆的。有效的风险监控能够通过对项目数据的搜集、分析，对项目风险进行预警，在风险产生的萌芽期即做出应对措施，避免风险的产生。同时，风险是动态变化的。例如，随着项目的开展，此前的风险因素可能会变小或消除，同时此前较小的风险因素也可能会发展成关键风险。有效的风险监控可以动态监控风险的变化，并重新评估风险，从而制订应对措施。

风险监控的依据包括此前制订的风险管理计划、项目的进展变化、动态的风险识别等。

（1）风险管理计划。项目风险管理计划即制订风险识别、风险评估、风险应对计划，确定风险管理的职责，为项目风险管理提供依据。其为风险监控工作提供了方法、技术、指标、时间、工作安排等方面的指导。

（2）项目进展变化。随着项目的不断开展，相应的风险因素也会不断变化，项目外部环境变化、项目本身变动信息都是风险监控工作的依据。

（3）动态的风险识别。风险是动态变化的，一些原本的关键风险可能会变成轻度风险，而原本的一些轻度风险也可能变成关键风险，这些都是风险监控的依据。

风险监控工作是一个全面、连续的动态过程，其目标包括及早识别风险、有效避免风险的发生、消除风险的消极后果、吸取风险管理中的经验与教训等。其工作内容包括以下几个方面。

（1）按照风险管理计划对风险实施应对策略。

（2）持续监控各类风险，确定风险状态。

（3）对风险应对计划进行分析评估，确定其是否需要变更或完善。

（4）对风险因素变化进行评估，并据此制订相应风险应对策略。

（5）项目整体目标的实现可能性和应对策略分析。

（6）分析对项目计划的假设是否依旧成立，计划阶段的程序是否执行得顺利。

（7）在风险的严重程度超出预测水平或者产生新的关键风险时，制定新的应对措施。

项目活动受各类风险因素影响较大，风险的发生不仅会对相关活动主体造成生命或财产方面的损伤、损失，还影响着项目的顺利进行。因此，项目风险监控对于项目的顺利开展具有重要意义，有效的项目风险监控能够对项目起到重要的风险保障作用。

5.3.2　如何进行风险控制

风险控制措施是在风险监视的前提下，对发现的问题所采取的措施，如纠正措施及提出项目变更申请等，并对项目的风险重新进行评估，对风险应对计划进行调整。在项目执行的过程中，项目执行计划要根据实际情况的变化进行适当的调整。因为项目实施过程中会存在一些未考虑到的风险，出现合同变化、外部环境变化等，所以项目实施计划要根据实际情况的变化而进行调整，否则项目目标就难以实现。项目计划顺利实施的核心是风险管理组织的有效运转。因此，项目经理必须做好以下几方面的工作。

首先，要组建项目风险管理小组，开展风险控制活动。项目经理可选拔具有专业素质的风险管理人员组成风险管理小组，同时明确小组成员的职责与分工。为支持风险小组的工作，项目经理需要给予小组成员一定的财力及物力支持，以便满足风险管理的需求。

风险管理小组的工作主要为：调查、预测、明确项目开展过程中存在的风险，分析风险产生原因；估算风险发生的概率，分析风险的可能后果，以及这些后果对项目的影响；制订或更新风险应对措施，制订应急工作计划；组织实施风险管理计划，对项目中的风险进行全面监控；做好风险处理记录，促进风险管理信息交流。

其次，要建立风险管理的相关制度，如风险管理实施细则、绩效考核制度等，对风险管理工作进行监督、考核，并进行必要的教育工作。确立风险管理的相关制度能够推进风险管理工作的落实。

具体可以进行以下几个方面的工作：第一，对项目风险管理制订明确的管理标准，明确各风险管理岗位的职责，并制定相应的绩效考核制度；第二，加强项目实施过程中风险管理的审核，在项目实施过程中，风险管理小组应深入项目进行审查，以便对风险管理进行监控；第三，对风险管理出色的员工进行激励，如给予其一定的奖金或对其进行表彰等。

5.3.3　如何将项目风险降到最低

当项目中已经产生了某些风险或风险无法规避时，项目经理该如何应对？这时，通过采取适当的手段，能够有效地将项目风险降到最低，如图5-6所示。

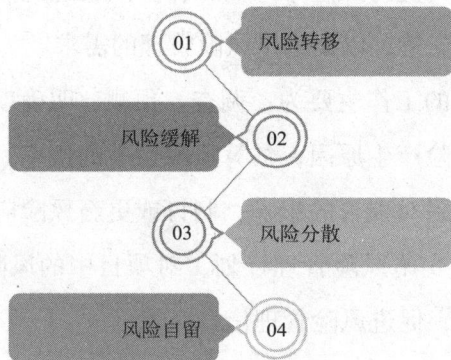

01　风险转移

风险缓解　02

03　风险分散

风险自留　04

图5-6　降低项目风险的方法

1. 风险转移

当风险无法规避时，项目经理可以采用有偿的方式将部分风险损失转移。风险转移的方式包括工程分包和购买工程保险。工程项目的有些风险难以控制，但是通过寻找专业的分包企业进行合作，就能够实现自身风险的转移。例如，某项目经理在房屋土建施工项目中遇到了幕墙、钢结构等分项工程，那么他就可通过分包的方式转移该项目的风险。

2. 风险缓解

风险缓解是将项目风险的产生概率和后果降低到可以接受程度的风险管理过程，具体包括以下两方面。

第一，采取各种防御措施，降低风险发生的可能性。例如，如果项目进度受天气的影响较为明显，项目经理可以提前了解一定周期内的天气预报，做好工作准备，降低恶劣天气对工期的影响。

第二，采取控制风险损失的应急措施。当风险损失不可避免时，项目经理需要采取各种措施限制风险扩展的范围。例如，迅速处理风险，通过迅速解决防止其蔓延；通过各种方式减缓风险扩展的速度，将风险控制在一定范围内。

3. 风险分散

通过增加风险承担者，可以达到减轻风险压力的目的。例如，某项目经理接受了公司安排的一个项目，该项目体量较大，项目管理工作也较为复杂，为了将项目做好，减轻项目风险，该项目经理可以与另一位项目经理进行合作，共同完成该项目。

4. 风险自留

风险是难以百分之百避免的，并且在很多时候，它是必然发生的。

所以对于某些风险，项目经理必须接受其带来的后果。自担风险是风险自留的重要表现，其是指风险带来的损失由项目主体承担，当损失发生时，将损失摊入项目成本中。自担风险必须考虑到自身的财务承受能力，因此项目经理应进行一定的财力准备。

5.3.4　如何面对未知风险

徐铭是一名经验丰富的项目经理。半年前，他承担了一个大型企业数据采集和传输系统的开通项目。在刚与客户接触时，客户非常热情，为其提供了许多支持，这让徐铭信心满满，觉得项目一定能够顺利完成。

但让徐铭没想到的是，没过多久，客户的态度就发生了转变，取消了对项目的很多支持，与客户沟通也没有取得理想的效果。这种转变让徐铭感到很迷茫，好在他经验丰富，制订的项目实施计划也很周密，虽然在项目实施过程中也出现了不少风险，但凭借着他出色的风险管理手段，问题都得到了有效解决，项目的质量和进度没有受到太大的影响。

很快到了系统验收的阶段，客户的态度却越来越不友好了，这让徐铭很担心项目能否正常验收。一次偶然的机会，徐铭了解到，公司原来的销售经理在与客户签订合同时，曾口头答应了一些与项目相关的细节方面的要求，但是还未等兑现，这位销售经理就已经离职了。这让客户非常生气，因此对徐铭的态度也发生了改变。

在上述案例中，客户态度的转变让徐铭的工作受阻，而这种风险是他没有预料到的。对于可识别的风险，项目经理可进行适当的事前管理，但并非所有的项目风险都能够预测，项目中也可能会发生超出项目经理认知的未知风险。在项目开展的过程中，项目经理应如何面对未知的风险？

增强项目的韧性能够增强项目抵御未知风险的能力。所谓韧性，就是抗打击能力。一个项目要想实现目标，需要足够的韧性应对风险，特别是无法被提前识别的、突发的风险。增强项目韧性主要有五种方法。

1. 留出必要的资源

发生了无法预知的风险后，事前规划好的工作安排就会被改变。要应对计划外的活动，就必须要有计划外的资源，即计划之外的时间和资金。在工期以外预留的时间内，使用项目预算以外预留的费用，来为突发的风险做好善后处理工作。虽然亡羊在先，但能迅速补牢，也可以让偏移正轨的项目工作得到最高效的修正，这无疑是一种提高项目生存概率的有效手段。

2. 规划好项目的应急机制

这种方法就是提前留出"绿色通道"。项目要想做得更好，离不开科学的流程和制度。但是，当发生了突发风险时，如果依然按部就班地执行流程，从时效性上不利于风险的高效应对。因此，应该提前规划好项目的应急机制，以便在风险发生时以最直接、最稳妥的方式获得应对风险所需要的所有支持。

3. 在既定的限制范围内完成工作

既然突发意外风险难以应对，最有效的办法就是尽量不要让它出现。提前为项目活动划定出一个相对严格且安全的固定范围，就能在很大程度上避开那些陌生的风险事件。所以，要想不遭受意外风险的打击，最主动的方式就是不要有冒险的行为。

4. 留意早期预警信号

虽然风险是发生在未来的不确定的事件，但任何风险也不是凭空出现的，一定有一个从量变到质变的过程，只不过有的过程比较清晰，有的过程相对隐蔽。如果能留意那些风险在早期量变过程中的征兆，就有可能提早识别出更多风险。

发现突发风险的早期预警信号并不容易，项目经理需要对已经发生的突发风险进行复盘，提升自己识别风险的能力，以便在之后的项目管理中更好地应对项目风险。

5. 征求相关干系人的意见

这种方法的本质是通过提前沟通，了解相关干系人对风险后果的容忍程度。例如，客户能接受的工期延误时间为多久？允许的预算超支额度为多少？在产品需要实现的功能中，哪些功能是相对次要的？事前了解相关干系人的意见，为突发风险选择应对措施时，就能做到心里有数，从容应对。

如果把项目所处的环境比作波涛汹涌的大海，那么项目就像海上的航船。除了经验丰富的船长和水手、明确的航线、准确的天气预报外，航船本身也要足够坚固。这样，航船才能乘风破浪，顺利到达成功的彼岸。

第6章
项目沟通计划

　　项目沟通计划是对于项目过程中的沟通方法、沟通渠道等方面的安排。同时，项目沟通计划需要根据实施的结果进行定期检查，因此项目沟通计划管理工作是一项贯穿于项目整个过程的工作。项目沟通计划和项目进度计划密切相关，项目的沟通成效直接影响项目的进度和最终结果。

6.1 建立多元的沟通渠道

为了做好项目管理工作，以达到预期的目标，项目经理必须在项目部门内部及部门与外界之间建立沟通渠道，以便快速、准确地传递信息，促进各方的协同合作。同时，建立起沟通渠道能够使项目成员明确各自的工作目标和职责，并且了解其对实现整个目标做出的贡献。此外，通过大量的信息沟通，项目经理能够找出项目管理的问题，制定出更科学的决策。

6.1.1 项目会议沟通

项目经理通过召开项目会议与项目干系人进行沟通是十分重要的。只有定期召开会议，保证良好的沟通，项目经理才能够及时发现并解决项目运作过程中的各种问题，保证项目顺利完成。

召开项目会议听起来十分容易，但是在实际操作中也会产生各种问题。

刘成是某系统集成公司的项目经理，在管理某项目的过程中，许多员工向其反馈公司的工作氛围不好，项目成员之间缺乏沟通。为解决这一问题，刘成要求项目成员每周必须按时参加例会并发言，但其却并没有制定好会议流程。几次会议之后，员工又向其反馈例会的目的不明、效率太低等问题，这令刘成很苦恼。

上述案例中的会议无疑是无效的。无效的会议表现为以下 4 个方面。

（1）参而不议：参加会议却不对会议内容做讨论。

（2）议而不决：讨论问题却不做决定。

（3）决而不行：作出决定却无人执行。

（4）行而无果：有行动却没有效果。

想要召开一场有效的会议，项目经理就必须做好三方面的工作，即会前准备、会中控制、会后跟进。

1. 会前准备

古语云："凡事预则立，不预则废。"项目经理要想高效地召开和组织会议，制订标准化的会议流程，做好充足的会前准备工作是必不可少的。

首先，项目经理需要明确召开例会的必要性。如果只是为了开会而开会，那么这样的会议就是无效的。在召开例会前，项目经理应该确定会议是否有必要召开，并明确召开会议的作用。

其次，项目经理要确定会议的目的。只有确定了会议的目的，才能够进一步对会议内容做好规划。

再次，项目经理要明确会议的议题。议题即会议要解决哪些问题，其主导着会议的方向。议题有主次和先后之分，这样才能够保证问题被高效解决。

最后，项目经理要设计好会议的流程。在会议开始时，项目经理需要对员工讲明会议的目的、讨论的主要问题等。同时，每个议题的讨论时间和顺序都是项目经理需要设计好的。每个部门、每位员工的发言都是需要项目经理设计好流程的。

2. 会中控制

在会议召开中，项目经理需要控制好会议的进程，确保会议能够按照此前设计好的流程顺利完成。在会议召开的过程中，项目经理需要注意把控员工讨论的时间，每个议题的讨论时间截止时，无论有没有讨论出结果，都不应该再继续了，否则就会影响接下来议题的展开，也会影响会议的整体进度。

3. 会后跟进

并不是会议结束后会议的工作就结束了，会议是否有成效关键就在于会后跟进的效果。项目经理应在会议中做好记录，记录好哪些问题需要哪些人负责，以便对负责人的后续工作进行跟进，只有确保会议中提出的问题在会议后被顺利解决，会议才是有效的。

会议中的时间是十分宝贵的，为了保证会议的效率，项目经理必须按照严格的标准召开会议。项目经理需要在会前做好充分准备，在会中严格把控会议进度，在会后持续跟进问题的解决进度，只有做到这些，会议才是有效的。

6.1.2　电子邮件沟通

电子邮件沟通的方式属于异步通信，即时软件盛行的当下，电子邮件仍是企业、团队中的重要沟通方式，原因就在于电子邮件沟通具有以下优势。

1. 电子邮件沟通具有仪式感

对于一些特殊的场景而言，仪式感十分重要，比如重要的活动邀请、信息通知等，如果仅以电话形式告知对方会显得很不郑重，而如果在与对方确认过通知的信息后，再向对方发送一封措辞恰当的电子邮件，就显得非常得体。

2. 异步通信留有思考时间

由于电子邮件异步通信的特点，一般情况下在收到电子邮件时并不需要立即作出答复，使沟通双方有思考的时间。

3. 电子邮件沟通记录可查询

在工作中，在沟通双方意见不一致时，可能会发生相互推脱的情况，而电子邮件沟通会在双方的邮箱中留存记录，当双方出现分歧或工作出现问题时可以将事情的来龙去脉梳理清楚。

4. 电子邮件沟通便于协作

发送电子邮件可以选择抄送、密送等，在项目团队协作中，能够实现权责分明，使工作内容条理清晰。

项目经理可以通过电子邮件与项目成员进行沟通，了解员工工作情况并接收员工反馈。在通过电子邮件与员工进行沟通时，项目经理需要注意以下两个要点。

首先，电子邮件格式要保证规范。格式规范的电子邮件能够体现出项目经理对于这种沟通方式及员工的重视，引导员工重视电子邮件沟通，从而达到好的沟通效果。

其次，电子邮件的内容要逻辑清晰、内容简练。电子邮件沟通主要用于信息通知与问题反馈，项目经理需要规范好电子邮件的内容。如果员工的工作出现了问题，项目经理在回复电子邮件时也不应用太多的篇幅指责员工，重要的是指出问题出现的原因和解决问题的方法。

6.1.3　钉钉群、微信群沟通

除了电子邮件外，微信、钉钉等也是线上沟通的重要工具，项目经理可通过建立微信群、钉钉群实现更高效的沟通。

微信群、钉钉群沟通的优势主要表现在以下几个方面。

（1）即时通信：微信群、钉钉群能够实现沟通各方的即时通信，支持文字与语音沟通，能够提高沟通的效率。

（2）文件共享：微信群、钉钉群可实现文件共享，能够提高各方沟通及工作的效率。

（3）记录留存：微信群、钉钉群内部发送的信息都会留有记录，当沟通出现问题时，能够通过查看聊天记录追根溯源，明确沟通过程。

　　微信群、钉钉群的沟通打破了时间和空间的限制，各方可随时随地沟通工作的相关事宜、发送文件并得到及时的回复。高效、便捷是微信群、钉钉群沟通的最大特点。

　　与微信群相比，钉钉群沟通更具优势。首先，在文件传输方面，钉钉上传的文件没有大小限制，能够实现超大文件的传输，同时，钉钉上传的文件不会丢失，历史上传过的文件都能够被搜索到。

　　其次，在钉钉上发送信息能够看到信息的阅读状态，便于跟进工作。这个功能在工作中十分有用，能够识别出信息是否被有效传达，如果对方长时间没有阅读信息，那么就可以及时通过其他方式联系对方，能够更好地推进工作。

　　再次，钉钉上传的文件支持在线编辑。钉钉群内的人对上传的文件进行改动后，其他人都能够接收到最新的文件。

　　最后，钉钉能够实现线上的任务协同和工作流协同。项目沟通并不仅仅是单纯的内部上下级沟通，可能会涉及公司内的财务、人事、销售等各部门，而钉钉能够实现各部门间的沟通和在线审批，大大提高沟通及工作效率。

6.1.4　组织各种团建活动，促进交流

　　除了项目会议、电子邮件等正式沟通渠道外，项目经理还需要建立

非正式沟通渠道，如通过组织各种团建活动等促进员工间的交流。

在项目管理的过程中，加强员工间的交流协作十分重要，但许多项目团队中员工的交流并不理想。一方面，员工之间缺乏信任，难以坦诚地交流意见或展开协作，导致团队效率难以提升。另一方面，员工彼此忙于工作，难以有合适的机会和平台进行交流，导致员工间沟通不畅。

项目经理需要为员工提供彼此交流的平台，为员工打造轻松、和谐的沟通环境，提高员工间的信任度。因此，通过组织各种团建活动打通员工间的非正式沟通渠道十分重要。

团建活动的形式多种多样，如组织聚餐、外出旅游、狼人杀游戏和趣味运动会等。在选择团建活动时，项目经理可以与员工一起讨论，听取员工的意见。

团建活动的目的是加强员工间的交流，因此项目经理需要选择互动性强的活动，或者在活动中设计一些互动性环节，让员工在互动中加深了解、拉近距离。同时，为了激发员工参加活动的积极性，项目经理可以设计一些抽奖活动或为到场的员工发放一份小礼品等。

团建活动能够为员工提供彼此交流的平台，加深员工对彼此的了解，提高其团队协作意识，有利于员工间加强交流和促进协作，提高工作效率。

6.2　掌握必备的沟通技巧

项目管理离不开与各方的沟通，项目经理需要与上级、下级及公司其他部门保持密切的沟通，因此掌握必要的沟通技巧对于项目经理而言是十分重要的。项目经理在与上级进行沟通时，要理解上级，以解决问题为最终目的；在与下级进行沟通时，要紧盯工作过程，为员工的工作提供有效的方法；在与其他部门进行沟通时，要学会换位思考倾听。

同时，与客户保持沟通也是项目经理的重要工作。在与客户进行沟通时，项目经理需要有礼有节，在与客户进行谈判时，也要明确自己和客户的诉求，在真诚的沟通中成功达成协议。

6.2.1　向上沟通：理解上级，不卑不亢

在项目管理的过程中，项目经理需要时常向上级汇报工作情况，或针对项目管理中的问题与上级进行探讨。因此，项目经理需要掌握与上级沟通的技巧。

在向上级汇报工作进度时，项目经理需要条理清晰地讲明项目目前的进度、接下来的工作安排、工作中可能会出现的问题及解决方案等，同时，如果需要上级提供某些方面的支持时也要提前讲明，便于上级进行工作部署。

当项目管理工作中出现某些问题，需要与上级进行沟通时，项目经理需要做好以下几个方面。

在沟通前，项目经理要先对问题进行分析，思考问题产生的原因和可行的解决方案，为接下来的沟通做好准备。有准备的沟通能够体现出项目经理对工作的认真负责，也能够提高沟通的效率。

在沟通的过程中，项目经理需要简明、清晰地讲明问题产生的原因和可行的解决方案，请上级给出指导意见。在上级给出意见后，如果项目经理对于上级的安排存在疑问，一定要及时提出来并与上级探讨，同时也可以通过复述明确上级的表达与自己的理解是否一致。

当自己的要求没有被批准时，项目经理需要理解上级，与上级共同探讨其他的解决方案。当上级对问题进行追责时，项目经理也要勇于承认错误，从错误中吸取教训。

在沟通结束后，项目经理需要根据沟通结果制定或调整问题的解决方案，并实施好解决方案。在这个过程中，项目经理也要与上级保持沟通，向上级汇报解决方案的进展和成效。

在与上级沟通的过程中，项目经理要逻辑清晰地讲明沟通的主要内容，同时要表现出自己对于问题的思考，让上级了解到自己的认真负责。同时项目经理也不能盲从上级，在对上级的想法有异议时，也要及时表达出自己的想法。双方充分有效的沟通才能够提高沟通的效率。

6.2.2　向下沟通：紧盯过程，提供方法

向下沟通即项目经理与项目成员的沟通，其目的是解决问题，项目经理要了解员工工作的实际状况和沟通中需要解决的问题，并给员工提供经验和指导建议，加强过程化管理，以便达成目的。

很多项目经理都自持领导身份，经常用强硬的命令给员工安排工作任务，与员工沟通，认为下命令不仅能彰显自己的身份，还会让员工的工作更有效率，其实这种想法是不正确的。强硬地与员工进行沟通不仅不能提升工作品质，还会让员工对项目经理产生不满情绪。

项目经理应如何与员工进行沟通？

1. 提问

项目经理可以向下级提出一些开放性的问题，以了解对方的心态和对方对事情的描述。例如"你对近一段工作有哪些看法？""在这种氛围下工作你有什么感觉？"通过开放式的问题，可让对方敞开心扉、畅所欲言。

2. 倾听

很多管理者认为直接命令能够有效提高员工的工作效率，但是，过分命令反而会让员工反感。管理者要通过寻找答案的方式来指导员工，而学会倾听是管理者应该具备的重要素质。当员工感知到与自己谈话的管理者是一个倾听者时，他们更能够分享自己的意见和建议，从而能够

更加有效地解决问题。

在对方倾诉的时候，尽量不要打断对方说话，认真倾听对方的倾诉。项目经理可以通过点头或重复对方的话来表示自己正在认真倾听，要鼓励对方继续说下去。

3. 欣赏

当对方提出了有创意性的想法时，项目经理要表示出自己对他的欣赏。这样能够使沟通过程更加轻松愉快。

4. 建议

沟通的目的是达成意见共识。在提出意见时，项目经理应避免"你应该""你必须"等这样命令性的话语，应以提建议的方式表达自己的观点，对其工作提出指导意见。

项目经理需要注意自己与员工沟通的方式，很多时候，建议比命令更容易让人接受。尤其是在指出员工工作的缺陷时，命令的方式容易使项目经理与员工双方产生矛盾，而建议则显得和缓许多。同时，建议比命令更能激发员工工作的积极性和创造性。

5. 共同探讨，提出对策

在与员工沟通的过程中，项目经理可以与员工共同讨论工作中的问题，让员工提出自己的想法和建议，如果员工提出的建议有价值，那么就可以应用到解决方案中去。在共同讨论、参与决策的过程中，员工也会获得成就感，有利于提高其工作积极性。

6.2.3　平行沟通：换位思考，积极倾听

项目管理工作离不开公司财务、人事等部门的配合，与其进行平行沟通也是十分重要的。与其他部门进行沟通的原因多为项目工作出现了问题，因此解决问题就是项目经理与其他部门负责人进行沟通的目的。

当项目工作中出现了问题时，项目经理首先要明确问题出现在哪个环节，然后再与相关的负责人进行沟通。

在沟通的过程中，项目经理要讲明存在的问题，并针对这一问题询问对方的意见。在倾听对方表达的过程中，项目经理不可随意打断对方，更不可盛气凌人。

在对方陈述完个人意见后，如果项目经理认为对方提出的建议存在问题，也可以提出自己的建议，与对方进行探讨。如果项目经理提出了与对方不同的建议，也要询问对方对该建议是否有补充。这样做一方面能够将对方的思路调整到自己的建议上来，另一方面也能够表达对对方的尊重。同时项目经理也要认真听取对方对自己建议的反馈。

由于沟通双方所处的位置不同、个人经验不同，在工作方式上有不同的观点是十分正常的。项目经理需要换位思考，从对方的角度想问题。沟通的结果并不是一方说服另外一方，而是求同存异，只要双方在沟通的最后达成可行的问题解决方案，沟通就是成功的。

此外，项目经理要注意，并不是所有的沟通都能够圆满解决问题。

在沟通不畅时，项目经理需要保持冷静，及时向上级汇报情况，请上级来协调沟通。

6.2.4　与客户沟通：有礼有节

与客户保持沟通是项目沟通的重要内容，在与客户进行沟通时，项目经理需要把握以下要点，如图6-1所示。

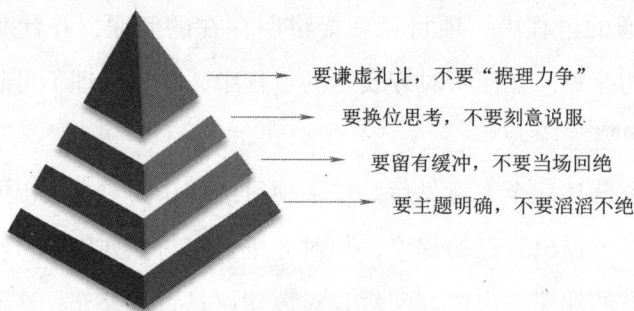

要谦虚礼让，不要"据理力争"

要换位思考，不要刻意说服

要留有缓冲，不要当场回绝

要主题明确，不要滔滔不绝

图6-1　与客户沟通的要点

1. 要谦虚礼让，不要"据理力争"

项目经理要注意尊敬客户，与客户沟通时要谦虚礼让，让客户感受到自己的修养和对于对方的尊重，这样更容易赢得客户的好感。

有些项目经理认为自己是业内专家，认为自己的见解比客户高明而喜欢和客户"据理力争"，这对于沟通而言是非常不利的。项目经理需要明白，与客户沟通的目的是解决问题，而不是和客户比能力，如果执意"据理力争"，很可能会让客户反感，不利于日后的合作。

2. 要换位思考，不要刻意说服

在项目执行的过程中，客户可能会不时地提出新的需求，为了尽量避免项目需求变更，一些项目经理往往会想方设法说服客户，这种做法并不可取。项目经理可以换位思考，从客户的角度分析客户提出变更请求的理由，以便分析客户提出的需求是否合理。

3. 要留有缓冲，不要当场回绝

一些项目经理在与客户沟通时，总会当场给客户一个"是"或"否"的结论，这样做一方面可能会导致回复给客户的结论不当，另一方面也可能会让客户认为项目经理并没有认真思考自己的意见。当客户提出一些比较棘手的问题时，项目经理应做好问题记录，并向客户表示对问题进行认真分析后再给予其回复。

4. 要主题明确，不要滔滔不绝

有时，项目经理需要和客户沟通一些项目方面的问题或向客户汇报项目情况，这时只需言简意赅地把主题讲清楚即可，不要去滔滔不绝地谈一些与主题无关的话题，与客户进行沟通时必须保证沟通的效率。

项目经理在与客户沟通时只有注意以上四个方面，才能够实现与客户间的良好沟通，提高沟通的效率和客户满意度。

6.2.5 客户协调：如何与客户进行谈判

谈判是项目管理中的一项重要工作，如在合同签订前，项目经理就需要与客户对合同的结构、费用、工期、质量等进行确认，以取得一致意见。同时，如果在项目执行过程中由于外部环境变化、客户需求变化等导致合同变更，项目经理也需要与客户进行谈判。

"凡事预则立，不预则废"，谈判也是如此。在与客户进行谈判前，项目经理要做好周密的准备，同时需要针对不同谈判类型制定不同的谈判思路。

1. 单一型谈判：找准自己的"临界值"

单一型谈判的主题只有一个，项目经理与客户围绕一个能共同调节的"变量值"进行协商。例如，双方只针对价格进行协商，在价格方面双方均有可调节的变量，这样谈判才能够进行下去。卖方希望价格越高越好，买方则希望价格越低越好，这种差异只能通过谈判来调节。

对于这一类型的谈判，通常双方都会定好自己所能接受的"临界值"，如果一方的要求超过另一方的"临界值"，则谈判很难成功。这一类型的谈判具有较高的冲突性。

2. 统筹型谈判：区分好想要的和需要的

统筹型谈判包含多个谈判主题。例如，甲方要求价格不高于 50 万元，而乙方则表明不能低于 60 万元；甲方要求 6 个月完成验收，而乙方则表明需要 9 个月的工期。单就一个指标很难达成协议，这时就可以将两个指标结合起来进行统筹谈判，如甲方接受 55 万元的成交价，而乙方接受 7 个月的工期，双方的期望都进行了折中。

在进行统筹型谈判时，项目经理要区分好想要的和需要的，以牺牲部分想要的维护好自己需要的，在一个问题上坚持利益而在另一个问题上接受妥协。

在进行谈判之前，项目经理需要做好哪些准备？项目经理不仅要区分好想要的和需要的，还要收集相关资料、分析对方处境和可能提出的方案，准备越细致，谈判成功的可能性就越高。项目经理需要收集以下信息。

（1）是什么导致了这次谈判？

（2）过去双方达成过什么协议？

（3）这种状况的历史是什么？

（4）此次谈判会带来哪些风险？

同时，项目经理还要思考谈判过程，想象多种谈判场景，分析有利于或阻碍谈判成功的各种行为。

在谈判的过程中，项目经理需要做好以下几个方面。

1. 做好开场陈述、阐明己方原则

在谈判开始时，项目经理需要做好开场陈述，并遵循实事求是的原则。在开场陈述中，项目经理要表明己方对问题的理解、己方的利益、己方可向对方做出让步的事项等。

2. 谈判过程把控

谈判过程是一个根据对方在谈判中的态度不断调整策略的过程，也是一个信息逐渐公开、筹码不断变化的过程。谈判过程的实质是通过对交易条件的探讨，提出要求与让步，通过对双方分歧的协商得出双方都能够接受的、折中的谈判结果。

在谈判过程中，项目经理需要关注双方利益，明确彼此的诉求，思考如何实现共赢。双方的利益都能够得到保障是谈判能够成功的前提。同时，项目经理要仔细倾听客户的陈述，领会其想要表达的思想，从而寻找谈判的突破口。此外，项目经理还需要注意提问，提问可以更好地明确客户的观点，提高谈判的效率。

3. 做好谈判收尾

谈判可能会成功也可能会失败，无论结果如何，项目经理都需要做好谈判的收尾工作。在谈判的收尾阶段，当谈判结果不明朗时，项目经理要思考谈判是否存在转机。当客户明确了自己的最后立场和观点后，项目经理应设身处地为客户分析其观点的利弊，并在此分析中体现出自己友好、诚恳的态度，让对方感到自己的诚意，这能够在一定程度上转变对方的观点。

同时，当谈判即将成功时，项目经理应对所有达成一致的问题进行复盘，避免遗漏，为最后的协议做好准备。最后，将所有谈判的结果写入合同中，并约定好签约的时间和方式等。当谈判达成协议时，项目经理应及时与客户握手以结束谈判。

需要注意的是，无论谈判的结果如何，项目经理都要控制好自己的情绪。一些项目经理因为自己提出的要求未被接受或者客户提出的要求太苛刻就与客户进行激烈的争辩甚至恶语相向，这样不仅会导致此次谈判的失败，也会影响与客户的后续合作。无论谈判的结果如何，项目经理都要在谈判的过程中表现出自己的素养和真诚友好的合作态度，以提高客户对自己的好感，即使此次谈判未成功，之后依旧会有合作的可能。

第 7 章
项目执行

项目执行是指为完成项目而进行的活动。由于项目最终可交付成果是在这一过程中完成的，所以这一过程是项目管理中最为重要的环节。在这个过程中，项目经理要协调项目中存在的各种问题，关注项目执行流程中的各方面工作，注重项目执行的细节。

7.1 项目执行流程

在项目执行阶段，项目经理需要对项目进行全面的跟踪和管理。为保证项目顺利进行，项目经理要协调好客户、上级、团队成员等各方的关系，同时对项目交付物进行阶段性的审核，保证交付物的质量，还要定期提交项目里程报告，向上级及客户汇报项目进度。

7.1.1 按计划推进项目执行

在项目执行的过程中，团队成员按照项目计划开展工作，而项目经理的工作就是持续跟进项目、保证项目的顺利进行。项目由一系列的任务组成，项目经理需要对这些任务进行一一跟进。

在对任务进行跟进时，项目经理需要做好以下几个方面。

（1）明确每项任务涉及哪些团队成员，以及每名团队成员所负责的内容。

（2）协调任务的时间计划，明确在哪个时间点完成哪些内容，安排不同团队成员之间的工作衔接，保证任务完成的效率。

（3）对关键障碍点进行判断，在障碍点出现前介入，及时排解障碍。

（4）保证整项任务从头到尾的所有流程能够全部走通，如流程不通，则需对其进行修正。

（5）在项目执行的过程中，要持续将当前进度向项目干系人进行汇报，如上级、客户等。

（6）当项目出现难以解决的问题时，需及时向上级或客户反馈，沟通解决方法，以保证项目进度。

对项目进行跟进是必要的，它可以证明项目计划是否可执行。同时在项目跟进的过程中，项目经理也可以发现项目计划的不当之处并进行调整。项目跟进的好处表现在以下几个方面。

首先，项目经理可以在项目跟进的过程中了解项目成员的工作情况。工作分配完成之后，需要及时与员工进行沟通，了解工作的进展情况，了解项目成员能不能按时并保质保量地完成工作，如果项目成员不能按时完成工作，项目经理就需要及时为其提供帮助。如果项目经理对项目成员的工作情况不了解，也没有及时对其提供指导和帮助，就很容易造成工作的混乱、拖延。同时，项目经理在了解项目成员工作情况的同时也能够加深对其工作能力的认知，能够在项目执行过程中调整工作分配，使工作更能发挥员工优势，从而提高工作效率。

其次，项目经理能够在项目跟进的过程中调整工作安排，合理利用资源。不同的项目成员在完成任务的时间方面可能会存在差异，一些项目成员可能会提早完成任务，也有一些项目成员的任务可能会延期完成，这时项目经理就能够及时对工作进行调整。

最后，对项目进行跟进有利于项目风险预测与风险识别。在项目执行的过程中可能会由于政策变化、市场变动等而产生意料之外的风险，项目经理对项目进行持续跟进，能够及时对项目风险进行预测和识别，在发生突发事件时也能够及时应对，从而降低损失。

7.1.2　召开例行项目会议

为确保目标的顺利实现、保证员工的工作效率，项目经理一定要学会通过各种会议对工作任务进行分配、对员工工作进行管理。日例会、周例会、月例会都是常用的会议类型，每种会议有各自的任务，利用好这些会议，项目经理能够更好地管理员工，最终实现目标。

1. 日例会：安排一天的工作

日例会的主要作用就是明确员工的工作内容和工作量。日例会的会议时间不宜超过 15 分钟，它是用来检视、同步、适应性地制订每日计划，以帮助团队更好地完成工作的短小会议。项目经理可以通过日例会明确员工今日的工作量，并了解员工在工作中出现的问题，以明确员工下一步的工作。

一些项目经理召开日例会只停留在单向沟通的层面上，没有和员工进行双向的交流，或者只是简单地安排一下当天的工作，而没有提出对工作的明确要求，这样的做法难以发挥出日例会的作用。

项目经理必须制定出一个可行的日例会管理制度。在日例会上，项目经理要多鼓舞团队员工，调动起员工积极工作的热情。

2. 周例会：明确进度，分配任务

项目经理召开周例会也是十分有必要的。在周例会上，员工会依次汇报自己的工作进度，项目经理能够根据员工每项工作的工作进程把握项目的整体进度，以便更科学地安排接下来的工作。

同时，周例会也是项目成员间沟通的机会，项目经理需要对员工的工作进行分析，及时指出员工工作中出现的问题，并给出相应的建议。

3. 月例会：分析工作，明确关键节点

在月例会上，项目经理需要对整月的工作情况进行分析、讲解，总结出月度工作进度，并细分出每周的项目工作进展情况，同时对每周的工作进度进行对比，以此明确项目执行过程中对否出现了问题。

在对下一个月的工作进行安排时，项目经理要明确月度工作的关键节点，如在哪一天完成项目的哪一个里程碑事件等。明确了关键节点，项目经理就可以对工作进行进一步的细分或对工作进行调整，以保证里程碑事件能够顺利完成。

例行性会议是项目中的重要会议，绝不可流于形式。例行性会议的召开要保持一定的频率，时间可以不用太长，重点放在执行状况有异常的部分即可。同时，项目经理要向员工传达必要的信息，让员工能安心工作。

7.1.3　阶段性可交付成果审核

许多项目经理往往将项目可交付成果审核简单地理解为对项目可交付成果最终功能、性能的验证，这种认知是存在缺陷的。在项目执行的过程中，项目经理需要对项目可交付成果进行阶段性的、持续的审核，在全面保证项目可交付成果质量的同时也能够及时发现其在功能设计、性能方面的缺陷并及时进行调整。

以软件项目为例，进行阶段性可交付成果审核即对产品进行阶段性测试。在产品研发的过程中，项目经理需要分阶段对产品进行单元测试、集成测试和系统测试。

1. 单元测试

单元测试也称模块测试，测试的对象是产品的功能模块。单元测试的依据是根据设计描述，对模块内所有功能的节点设计进行测试，以便发现模块内部的错误。单元测试能够发现产品设计阶段产生的错误。

通常通过白盒测试的方法对产品进行单元测试。白盒测试也称结构测试，指在了解产品内部工作过程的前提下，按照产品内部结构，通过测试检测产品内部动作是否符合设计要求。白盒测试通过对产品内部信号特征、接口功能的检查确保设计的正确性。

2. 集成测试

集成测试又称组装测试，通过对由各模块组装而成的产品进行测试来检查模块间的接口和通信状况。

在集成测试阶段通常采用灰盒测试对产品进行测试。灰盒测试关注输出的正确性和产品内部动作，通过表征性的现象、标志来判断产品内部的运行状态。

3. 系统测试

系统测试是把产品软硬件放在相关环境中进行的全面测试，用于检查系统的功能、性能是否与客户需求一致，其测试的依据是客户的需求说明书。系统测试可细分为功能测试、性能测试、使用性测试、安全性测试、恢复测试、强度测试、文档测试以及工序测试等。

在系统测试阶段通常通过黑盒测试对产品进行测试。黑盒测试也称功能测试，即将产品的程序划分为功能单元，再对每个功能单元进行测试。黑盒测试是围绕着产品操作方式和实际应用环境进行的，能够表现出产品的不同应用场景。

对产品进行测试的目的不仅是证明产品是否能够实现既定的功能，还能够显示出产品在设计、研发过程中存在的错误和缺陷，越早地发现这些错误和缺陷，就越能够及时对产品设计方案或研发方案进行调整，降低项目团队的损失。因此，项目经理对产品进行阶段性测试是十分重要的。

如何开展产品测试工作？实施测试工作的过程包括以下几个步骤。

（1）制定测试策略。

（2）测试用例设计。

（3）执行测试用例。

（4）缺陷修复过程。

（5）回归测试。

测试策略是依据测试项目的环境约束而规定的测试原则、方式、方法的集合，用以描述在测试活动各阶段所采用的测试方法和测试目标。内容主要包括以下几个方面。

（1）资源需求说明。

（2）员工的角色和职责。

（3）某测试阶段所使用的测试方法及工具。

（4）某测试阶段所需进行的测试类型。

（5）测试所采用的评价标准。

测试策略明确了测试阶段、测试方法、测试工具和测试目标，能够指导测试工作的有效实施。测试策略的制定还可以使得测试过程中的沟通变得更加有效。

在测试过程中，项目经理的职责包括以下几个方面。

（1）负责识别项目研发流程中产品测试的相关问题，明确问题的改进计划。

（2）负责组织完善测试工作，进行文档的建设，制定测试工作指南。

（3）负责组织实施测试和测试人员的培训。

（4）负责对项目的测试工作进行评审，并对项目产品测试进行全程辅导。

7.1.4 提交里程碑报告

控制项目进度关键在于按照项目计划对项目整体进程实施具体把控，项目经理可采用里程碑管理的方式进行项目进度管理，根据项目工期要求与项目的实际情况，将项目实施过程切分为不同里程碑，根据项目阶段制订项目计划，每一阶段结束时检查项目完成情况。同时，项目经理需要定期向上级、客户等项目干系人提交里程碑报告。里程碑报告主要包括以下内容。

1. 里程碑总结

简要总结项目里程碑完成情况。

2. 工作量和项目进度

工作量和项目进度通常通过图表的形式表现出来，如表7-1所示。

表7-1　工作量和项目进度

项目进度				工作量		
里程碑	估计	实际	偏差（%）	估计	实际	偏差（%）

说明：当里程碑进度偏差超过10%时，应进行偏差分析，必要时调整计划。

3. 可交付成果

描述该里程碑需要交付的文档等内容情况，如表7-2所示。

表7-2　里程碑可交付成果

可交付成果	负责人	接收人	交付情况

4. 进度和工作量数据

填写该里程碑的预计进度和实际进度，完成该里程碑任务的预计和实际工作量，其中，偏差 = 实际值 - 估计值，如表 7-3 所示。

表7-3　进度和工作量数据

	估计	实际	偏差
进度			
工作量			

如果进度或工作量的实际值和估计值有偏差，必须说明偏差产生的原因。同时，还要明确为保证进度和工作量需要采取的措施，以及此措施在何时能够实行，如表 7-4 所示。

表7-4　进度偏差改正措施

改正措施	负责人	解决期限

5. 风险管理

说明后续可能出现的风险因素及处理办法，提出新识别的风险。

6. 里程碑总结

叙述在本里程碑阶段项目组取得的成绩及在各方面的不足、经验、教训和建议。针对各项内容，可从计划、资源、实施质量、项目管理、任务完成情况、沟通、产品、工具和实践等方面进行阐述。

7. 下一里程碑计划

如果本次汇报为当前里程碑结束汇报，则需描述下一阶段里程碑的计划，如项目规模、工作量、资源等的调整。

8. 其他事宜

除以上信息之外还需要汇报的内容。

此外，项目经理还可以在里程碑报告的最后附上上周计划实施进度、上周实际实施进度和本周计划实施进度。

7.2 执行注重细节

项目在执行过程中，往往一些细微的失误就会造成巨大的损失，因此在项目执行的过程中，项目经理需要注重项目执行的细节，这也是进行项目管理的关键。在项目执行过程中，项目经理需要关注产品的关键工序，让项目进度可视化，并且做好事中监控与事后验收工作。

7.2.1　关键工序影响项目质量

无论是对于软件项目或是工程项目而言，关键工序都能够极大地影响项目质量，因此在项目执行的过程中，项目经理要做好对产品或工程关键工序的控制。

在对关键工序进行控制之前，项目经理首先要明确项目中的关键工序。关键工序有以下几种类型。

（1）对产品的质量、性能、功能、成本等有直接影响的工序。

（2）产品质量特性形成的工序。

（3）工艺复杂、质量容易波动、发生问题较多的工序。

（4）客户反馈的重要不良项目的生产工序。

（5）可能对生产安排有严重影响的工序。

同时，项目的关键工序不是一成不变的。例如，某工序的质量不稳定因素得到了有效控制，能够平稳运行，那么其就不再是需要关注的关键工序；而当其他工序的问题变得严重时，这些工序就可以成为新的关键工序。

在关键工序的控制方面，项目经理需要做好以下几个方面。

首先，对影响关键工序质量的要素进行控制。项目经理需要做好生产设备的检修和维护，并对生产材料进行严格把控，消除导致关键工序产生问题的客观原因。

其次，落实关键工序控制手段。项目经理需要对关键工序进行严格把控，对关键工序进行严格的检查，不让有质量问题的产品流入下一工序。

最后，项目经理要加强员工培训。员工技术不过关也是影响关键工序质量的重要原因之一，项目经理要定期对员工进行生产技术和关键工序检查方面的培训，提高员工的技术水平和关键工序质量控制意识。

7.2.2　建立看板：让目标进度可视化

在项目管理中，可视化成为一个越来越重要的特点，而看板则是实现可视化的一个重要方式。项目经理用看板来管理员工，可以清楚地掌握其目标进度，了解哪些员工是比较落后的，进而对他们的工作进行有效的指导。

在进行可视化的看板管理时，不同的项目团队可能存在差异，但"万变不离其宗"，项目经理只要掌握了"宗"，就足以应对其中的"万变"了。建立看板的优势表现在以下几个方面。

1.传递信息，统一认识

项目经理可以通过看板来引导员工形成一个统一的认知，朝着团队的共同目标前进。通过看板传递信息，既能保证信息传递的准确性和速度，又能避免信息传递过程中出现错误。

2.分享专业知识

看板可以刊登一些产品设计、研发、测试方面的技术知识，有助于员工提升自己的技术水平。

3.奖优罚劣，营造氛围

项目经理可以在看板中公布员工的工作业绩以及奖惩情况，以便激发员工工作的积极性。业绩良好的员工能够在奖励的激励下更加努力地工作，业绩较差的员工也能够看到自己与他人的差距，从而明确进步的方向。同时，在看板中公布员工的奖惩情况，能够让员工感受到团队制度的公平性，从而积极参与到竞争中。

4.及时更新目标进度，提高员工成就感

项目经理需要及时更新看板中员工的工作动态和工作进度。工作进度的不断更新能够让员工获得成就感。同时，项目经理还可以分阶段地为达到不同阶段目标的员工提供一定的奖励，这能够使员工获得更多的成就感。

在建立看板方面，项目经理需要做好以下几项工作。

（1）在建立看板时，一定要保证看板中内容的公开透明性，以便实现可视化管理。

（2）在使用看板之前，要考虑到可能出现的问题，并制定好相应的解决方案，为之后看板的顺利使用提供保障。

（3）要保证看板可以及时反馈员工的目标进度。

建立看板能够提高项目执行的效率。员工能够通过看板明确自己的工作目标、工作进度和业绩水平，在目标的激励下积极工作。同时，项目经理也能够时时查看员工的工作进度，当发现员工在工作中出现问题时，能够及时为其提供指导。

7.2.3 事前监控，事后验收

在项目执行的过程中，项目经理需要做好项目的监控和验收工作，这是项目执行过程中需要重点关注的两个关键要素。项目监控即项目经理依据项目计划，对项目进度、成本、质量等进行跟踪，掌握各项工作状况，以便及时对项目工作进行调整。在项目执行的过程中，要随时对项目进行监控，使项目按计划的进度、技术指标完成。

在项目执行过程中，项目经理需要对以下几个方面进行监控。

1. 工作进度监控

项目经理需要明确工作的实际开始时间、实际完成时间、实际的工作量和工作成果等，从而判断该工作是否正常执行。对于进度延误的工作，项目经理需要及时与员工进行沟通，找出延误的原因，并制订相应的工作改进计划。

2. 项目开支监控

项目经理需要明确所有的项目开支，与项目预算进行对比，分析是否超出预算。若实际开支超过项目预算，则要找出具体的开支超出项，分析原因并采取相应的措施。

3. 人员表现监控

项目经理需要随时关注项目每个员工的表现，对表现突出的员工进行表扬，对表现不好的员工提出批评。同时项目经理需要定期与员工交流工作情况，及时为员工提供帮助。

项目验收是核查项目计划范围内的各项工作是否已经完成，可交付成果是否符合标准，并形成验收文件的一系列活动。许多人都认为项目验收只是项目收尾阶段的工作，其实不然，在项目执行的过程中，项目经理随时都可以对已经完成的工作进行验收。验收的目的主要有两个，一是保证项目的质量，二是使项目的阶段性成果获得上级或客户的认可。

项目验收的内容包括可交付成果和成果说明两个方面。工作成果是项目执行的结果，必须要符合项目目标。此外，项目经理还要对项目可交付成果的说明文件进行验收，如技术文件、设计图纸等。

7.2.4　及时处理员工之间的冲突

项目团队由众多员工组成，由于每个人的技能、价值观、工作风格等不同，因此员工之间产生冲突在所难免。员工间产生冲突会导致团队氛围紧张，员工士气低下，工作效率也会随之下降。在项目执行的过程中，为了更快更好地完成项目目标，项目经理需要及时处理员工之间的冲突，协调好员工之间的关系。

在项目经理协调员工之间的冲突之前，首先要分析产生冲突的原因。团队间沟通不畅、信息传递不及时或员工对于工作的意见存在分歧等极易导致员工之间的冲突。项目经理需要事先调查清楚员工间产生矛盾的原因，既要倾听当事人的描述，又要了解旁观者对冲突的看法，通过多方调查，明确以下事项。

（1）冲突是如何产生及发展的，趋向如何？

（2）冲突双方各自的观点、要求及动向？

（3）冲突是否触及原则性问题？

其次，项目经理要保持客观公正的态度。在解决员工之间的冲突时，项目经理不能偏袒任何一方，而是要根据客观事实和相关规定秉公处理。同时，项目经理要做到"对事不对人"，不能根据一些外在因素，就贸然地为某一个人"定罪"。

再次，对错误的一方不要穷追猛打。即便确定了冲突主要是由谁引起的，也不要对其穷追猛打。既然产生冲突，那么双方都会有责任，即使错误的一方应承担大部分责任，也不代表另一方没有责任。如果只对错的一方不依不饶，只会激化矛盾。项目经理应本着宽容的态度，让错误的一方改正错误，弥补过失。

最后，项目经理要明确自己的态度。在解决员工之间的冲突时，项目经理要在肯定双方观点的基础上，将双方的观点转化成为自己的观点，并充分地表明自己的态度。这样能够使冲突双方更容易接受项目经理的观点，从而达成共识，化解冲突。

　　在对双方做思想工作时，项目经理要先肯定其优点，再指出冲突中存在的问题，通过耐心的谈话，让其认识到团结合作的重要性以及自身的不足。项目经理还需要为冲突双方安排一次沟通的机会，让其当面进行沟通，化解冲突，使双方握手言和。

第8章
项目成本控制

项目成本控制的目的是将项目实际使用成本控制在项目预算范围内。项目成本控制包括对能够引起项目成本变化的要素的控制，项目实施过程的成本控制和项目实际成本变动控制三个方面。对项目成本进行控制时，项目经理需要掌握一定的方法，分析项目成本变化趋势并控制各成本的变动。

8.1　项目成本知多少

项目成本由项目的直接成本、间接成本、沉没成本和机会成本组成。直接成本是与项目建设或产品生产直接相关的成本，如直接人工费用、原料费用等。间接成本是与项目建设或产品生产没有直接关系的成本，如机器损耗、间接人工费用等。沉没成本指由以往的决策导致的难以挽回的成本，如支出的费用、时间、精力等。机会成本是指进行一项决策时，所舍弃的另一决策可能产生的收益。

8.1.1　直接成本：直接人工费＋材料费＋机械使用费

项目的直接成本指与项目直接相关的支出，主要包括直接人工费、材料费、机械使用费等。以一项工程项目为例，其直接成本包括以下几个方面。

1. 直接人工费

直接人工费是指直接进行建筑工程施工的生产工人所需的各项费用，内容包括以下几个方面。

（1）基本工资。

（2）工资性补贴，是指按规定发放的物价补贴、燃气补贴、交通补贴等。

（3）生产工人辅助工资，是指生产工人非作业天数的工资，如职工培训期间的工资、休假期间的工资、因气候影响的停工工资等。

（4）职工福利费。

（5）生产工人劳动保护费，是包括劳动保护用品的购置费、工服装补贴、防暑降温费等。

2. 材料费

材料费是指施工过程中耗费的工程建设的原材料、辅助材料、零件、半成品的费用，内容包括以下几个方面。

（1）材料采购费。

（2）材料运杂费，是指材料运至仓库或指定堆放地点所产生的费用。

（3）材料运输损耗费，是指材料在运输装卸过程中的损耗。

（4）材料保管费，包括仓储费、工地保管费等。

（5）检验试验费，是指对工程材料、构件等进行鉴定、检查所产生的费用，包括项目试验室进行试验所耗用的材料和其他试验用品的费用。

3. 机械使用费

机械使用费是指机械作业所产生的各种费用，包括以下几个方面。

（1）机械租赁费。

（2）机械修理费：机械保养和临时故障排除所需的费用。

（3）安拆费及场外运费：安拆费指机械进行安装、拆卸所需的人工、材料、试运转费用等；场外运费指机械自停放地点运至施工现场所产生的运输、装卸等费用。

（4）燃料动力费，是指机械在运转作业中所消耗的燃料及水、电等。

直接成本是项目经理在进行成本控制时重点关注的内容，虽说项目依据计划开展，但直接成本中的许多要素都是可变动的，因此项目经理要对项目执行过程进行严密监控，关注与项目直接成本相关的各要素的变动，并及时采取相应措施，尽量降低项目的直接成本。

8.1.2 间接成本：项目管理费 + 固定资产折旧费

项目的间接成本是指与项目建设或产品生产难以形成直接量化关系的资源投入成本，主要包括项目管理费用和固定资产折旧费用等。

1. 项目管理费

项目管理费包括以下几个方面。

（1）项目管理人员的薪酬和福利费用以及用于行政和其他一般管理的费用。

（2）产品生产前的费用，包括前期项目研究、测试所支出的费用。

（3）与项目相关的杂项费用，如业务支出、缴纳地方税等。

2. 固定资产折旧费

固定资产折旧费指随着固定资产的损耗，将其购置费通过折旧的方法转移到生产成本和相关费用中去。固定资产支出的金额往往很大，而且受益期很长。如果将这笔支出一次性计入某个月，则当月会显示出明显的亏损，而当月因该固定资产所得的收益也不会很多，同时，因该固定资产受益的其他月份又没有体现应有的支出，因此，在固定资产受益期内平均其支出，按月列支是一种较为合理的成本计算方式。

例如，某公司花费 120 万元购置了一台机器，假如机器的使用寿命为 10 年，即 120 个月，投入使用后每个月的磨损价值即 10 000 元，那么机器每月的折旧费为 10 000 元。

间接成本属于不可控费用，且不便直接计入某一成本中，需先计入总账，待月终时根据一定的分配方法进行分配后再计入成本费用。

8.1.3　沉没成本：时间＋金钱＋精力

沉没成本是指以往产生的费用。在决定是否做一件事时，要关注以往是否已经在这件事上有过投入，已经投入的成本，如时间、金钱、精力等称为沉没成本。沉没成本不能被改变。

对于一个项目而言，沉没成本是项目在以往经营活动中已经支付而经营期间摊入成本费用的支出。项目的固定资产、无形资产等均属于项目的沉没成本。

从成本的可追溯性方面来看，沉没成本可能是直接成本，也可能是间接成本。如果沉没成本是由个别产品或项目引起的，则属于直接成本；如果由几个项目共同引起的，则属于间接成本。

从成本的形态来看，沉没成本可能是固定成本，也可能是变动成本。在停止某个项目或项目中的某项工作时，沉没成本既包括场地、设备等固定成本，也包括原材料、零件等变动成本。

从数量角度看，沉没成本可能是整体成本，也可能是部分成本。例如，项目执行中途弃用的设备，如果能通过变卖获得部分价值，那么设备的成本就不会全部沉没，变卖价值低于设备成本的部分才是沉没成本。

一般来说，资产的流动性、兼容性越强，越不容易沉没，而固定资产、专用性资产等都是容易沉没的。此外，资产的沉没性也会随着时间的推移而转化。以某件大型设备为例，如果在其折旧期限之后再弃用，导致的沉没成本则相对较小，而如果在其使用的中途就弃用，则导致的沉没成本就会较高。

沉没成本是一种历史成本，与当前的决策关联性并不高，因此在进行决策时，项目经理应摒弃沉没成本的干扰。相对来说，新增成本才是项目经理应考虑的要素。

例如，某项目需要添置设备 A，购置成本为 2 万元，而项目经理目前已经拥有闲置设备 B，其账面成本为 3 万元，并在主要性能方面与设备 A 相同，但要完全满足项目的需要，还需要对其进行改造，改造成本为 5 000 元。

这时就出现了两个方案：购置方案和改造方案。购置方案的设备成本为 2 万元，而改造方案的设备成本则为 3.5 万元。将两个方案的设备成本进行对比发现，购置方案的设备成本更低。那么项目经理应该选择购置方案吗?

答案是否定的。因为在购置方案中, 2 万元的设备成本在决策时尚未发生, 如果采用该方案, 那么新增成本为 2 万元; 而在改造方案中, 闲置设备 B 的账面成本在决策前已经支出, 当前设备闲置, 3 万元即为沉没成本, 而改造成本 5 000 元才是新增成本。通过这样的分析, 选择新增成本更低的改造方案才是正确的决策。

8.1.4 机会成本: 选择大于努力, 巧定适宜项目

机会成本是指为了得到某些东西而要放弃的另一些东西的最大价值。在项目决策中, 机会成本可以理解为在面临多方案决策时, 被舍弃的方案的最高价值。机会成本有以下三个特点。

（1）机会是可选择的方案。机会成本中所指的机会必须是项目经理可选择的方案。

（2）机会成本有收益。放弃的机会中收益最高的方案才是机会成本, 机会成本不是放弃方案的收益总和。

（3）机会成本与资源稀缺。机会成本是指在资源有限的情况下, 对资源进行某种决策时所放弃的其他决策可能获得的最大收益。

机会成本是项目经理在进行决策时需要考虑的重要因素, 很多时候选择大于努力, 项目经理做出正确的决策后, 其努力才会事半功倍, 如果做出错误的决策, 那么再多的努力也是徒劳。

　　一些项目经理想通过工程项目获得更多的收益，甚至想在项目执行的过程中，把项目中每个环节的利润都赚到手，但却缺乏与之相匹配的资金能力和管理能力。在这种环境下，项目内往往会同时开展多项活动，项目看起来规模很大，员工也十分忙碌，但项目最终却难以获得较多收益。原因就在于项目经理并没有进行成本控制，也没有进行适当的选择，扩大的项目规模使项目的管理难度和成本大大提高，团队整体效率反而降低。

　　从实践来看，项目经理试图从项目各个环节获取利润的做法，远远不如砍掉弱项，优化强项的方针。选择大于努力，项目经理只有选择适合项目本身、适合内外部环境的执行方案，才能够实现成本控制、提高项目执行的效率。

8.2　成本控制方法

　　项目中包含三种成本：确定性成本、风险性成本及不确定性成本。同时项目具体活动具有不确定性，活动规模及其所耗资源数量具有不确定性，项目成本控制的关键就是对这些不确定性成本进行控制，识别、消除不确定性事件，避免不确定性成本的产生。为了实现这一目的，项目经理需要掌握必要的进行成本控制的方法。

8.2.1　项目成本控制体系

成本管理对于项目的顺利完成和项目盈利而言十分重要。"省钱就是赚钱"，项目经理在成本管理方面占据优势，能够有效提高项目执行的效率和项目盈利。

很多项目在成本控制方面存在问题，主要表现在以下几个方面。

（1）项目内部责权不明，经常产生员工间工作交叉、互相推诿等问题。

（2）项目开发没有整体成本思路，项目前期没有建立可行的目标成本，造成项目成本不清晰，成本难以有效控制。

（3）材料供应没有建立有效的管理体系，存在单据不全、计划与用量脱节等问题。

（4）合同管理体制不完善，存在成本查询难、发生成本反应慢等问题。

（5）项目档案管理无序，没有建立相应的资料管理制度，存在资料缺失的问题，导致在结算时因索赔无据而造成经济损失。

为避免以上这些问题，项目经理有必要构建一个科学、严谨且行之有效的项目成本控制体系。项目经理可遵循四个步骤构建项目成本控制体系，如图 8-1 所示。

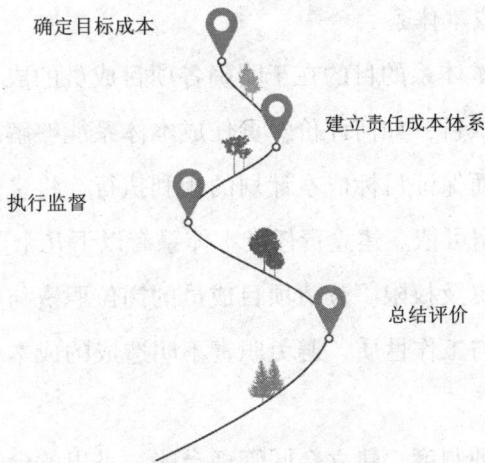

确定目标成本

建立责任成本体系

执行监督

总结评价

图8-1　构建项目成本控制体系的四个步骤

1. 确定目标成本

如何确立目标成本？项目经理需要制定目标成本，将目标成本层层分解，再通过预算将计划落实到项目行动上，将目标变成可执行的行动计划，并在执行过程中不断地将实际结果和目标进行对比，找出产生差距的原因，制定改进措施。

有的项目缺乏规范的目标成本测算体系，项目的复杂度较高、周期长、涉及的环节较多，难以准确地确立项目的目标成本。在这种情况下，项目经理要综合项目特点，建立一套全面的成本树模型，作为制定目标成本的基线，并在规划设计、施工设计各阶段完成对目标成本的细化修订，最终明确项目目标成本。

2. 建立责任成本体系

建立责任成本体系的目的在于明确各项目成员的成本管理职责。项目成本控制如何执行？如何评价？责任成本体系能够解决这些问题，从而在组织架构层面保证目标成本计划的顺利执行，将责任落实到人，做到权责清晰、有据可依。建立责任成本体系有以下几个要点。

（1）岗位职责及权限。分清项目成员的岗位职责与管理权限，明确个人的工作方向与工作性质，避免职责不明造成的成本增加及工作延误等情况。

（2）合同管理制度。建立合同管理台账、进出款台账管理制度，每一项合同成立时须及时记录，以有效控制成本运行情况。

（3）预结算制度。建立项目预结算管理制度，规范结算手续的完整性、有效性；规定结算必须出具审决报告书并进行备案，避免留下纠纷漏洞；每项结算必须有合同依据，避免无合同结算。

（4）材料采购制度。建立系统的材料移交流程，以控制材料用量并作为结算依据；建立材料进出台账，与成本管理台账同步更新。

如何才能保证项目的成本目标被顺利地完成，关键在于制度流程的建立，制度流程是责任成本体系的核心。

3. 执行监督

建立了责任成本体系后，为了保证其能够顺利执行，就需要建立相应的监督机制，其要点如下。

（1）在各项目制度颁布后，项目经理需要监督各制度的执行情况，并及时调整不符合实际操作的规定。

（2）保证财务支出、资源调配等情况及时更新。

（3）及时关注合同台账、财务进出台账等，加强对目标成本的控制，一旦发现某项活动的预算即将被突破时需及时对活动计划进行调整。

4. 总结评价

完成以上三个步骤后，接下来要做的就是对项目成本控制体系的执行结果进行评估。项目经理需要将项目的最终成本与目标成本进行对比，以此评价项目的成本控制水平。这一阶段主要包括以下内容。

（1）对项目进行分析，提炼各材料指标、成本指标等并建立成本数据库，以便以后在成本测算中应用。

（2）分析实际发生成本与目标成本的区别，分析节约成本或成本超标的原因，从中总结经验，吸取教训。

（3）评价各合作单位的配合程度、材料质量等，整合合作单位名单以备其余项目的合作。

一些项目经理会忽视项目的总结评价，所以经常在之后的项目中重犯以前的错误，而项目总结评价能够帮助项目经理总结思考，避免重复错误，扬长避短，做好项目的成本控制。

8.2.2 项目挣值管理

在项目中可能会遇到以下情况：一些项目进度提前了，有的项目是因为保证了工作质量从而避免了返工，而有的项目只是因为缩减了项目范围；一些项目的实际成本低于预算成本，有的项目是通过提高工作效率达到的，而有的项目是因为项目范围缩减达到的。

从以上这些例子中可以看出，单纯地将时间进度的计划值和实际值进行比较，或者单纯地将项目成本的预算值和实际成本进行比较，都不能全面反映项目管理的绩效，必须要了解实际完成工作的效果。只有在完成的工作量一致的前提下，时间、成本的差异才能够进行对比。在项目管理中，通过项目计划可以得到各项任务的计划时间和预算成本，通过对项目过程的监控可以得到各项任务的实际时间和实际成本，但如果仅将这两组数据进行比较，就会出现上述提到的问题，以此评价项目绩效可能会有失公平。

使用挣值方法对项目的进度和成本等进行对比就要合理得多。挣值表示实际完成的工作所对应的预算成本，其核心思想如下。

（1）用成本指标表示每项任务的价值，全面反映项目任务的时间、成本、资源分配等多方面因素的影响。

（2）在完成同样工作的前提下，对预算成本和实际成本进行比较，得出成本差异。

（3）在花费同样成本的前提下，将计划完成的任务与实际完成任务进行比较，得出进度差异。这里的进度是完成项目任务的进度，不是时间进度。

对应上述思想，挣值方法的指标、公式如下。

（1）指标：BCWS 表示计划任务的预算成本；ACWP 表示实际完成的任务的实际成本；BCWP 表示实际完成任务的预算成本，即挣值（EV）。

（2）成本差异：CV=BCWP−ACWP，在实际完成任务一致的前提下，比较预算成本和实际成本的差异。当 CV < 0 时，表示项目运行实际成本超出预算；当 CV > 0 时，表示项目运行实际成本没有超出预算；当 CV=0 时，表示项目的实际成本与项目预算相符。

（3）进度差异：SV=BCWP−BCWS，在预算成本相同的前提下，比较实际完成的任务和计划完成的任务。当 SV < 0 时，表示进度延误，实际进度慢于计划进度；当 SV > 0 时，表示进度提前，实际进度快于计划进度；当 SV=0 时，表示项目实际进度与计划进度相符。

（4）成本绩效指标 CPI：CPI=BCWP/ACWP，为预算与实际成本之比。当 CPI < 1 时，表示超支，实际成本高于预算；当 CPI > 1 时，表示节支，实际成本低于预算；当 CPI = 1 时，表明项目的实际成本与项目预算相符。

（5）进度绩效指数 SPI：SPI=BCWP/BCWS，为项目实际进度与计划进度之比。当 SPI < 1 时，表示进度延误；当 SPI > 1 时，表示进度提前；当 SPI = 1 时，表示实际进度与计划进度相符。

项目经理不仅要了解挣值管理的概念和计算方法，还要了解其管理思路：项目的绩效需要计划与实际的对比，要关注项目任务的完成情况，综合运用项目任务的时间、成本等因素衡量项目绩效。

挣值方法能够反映项目运行与计划之间的绝对偏差，结果十分直观，有助于项目经理了解项目成本出现偏差的绝对数值，并采取一定措施，调整费用支出计划。

8.3　项目成本控制的要点

项目经理进行项目成本控制的目的在于将项目执行中的实际成本控制在成本预算范围内，同时还需要根据项目的实际成本情况调整项目的进度。为做好项目成本控制工作，项目经理要了解项目成本控制的要素、原则，并根据成本控制的不同状况采取不同的对策。

8.3.1　项目成本控制三大要素

项目成本控制是一个动态的过程，在这个过程中，项目经理要抓好每一个环节以便实现成本控制。项目成本控制有三大关键要素，即人的环节、物的环节和项目执行的环节。

1. 人的环节

在这一环节，项目经理需要做好两方面的内容。一方面，项目经理要做好与客户及项目合作方沟通，确保材料、设备等能够按照计划及时供应，以控制项目成本。另一方面，项目经理要做好对项目成员的监督、管理工作，与员工保持沟通，及时发现并解决员工工作过程中存在的问题，同时以合理的薪酬激励制度激发员工工作的积极性，提高其责任感和成本控制的自觉性。

2. 物的环节

材料和设备等物品的费用是项目支出的重要内容，对于一些工程项目而言，材料和设备的成本可达总成本的 60%～70%。因此，要想控制项目成本，就必须做好对材料和设备的控制。这就要求项目经理加强对材料和设备的管理，掌控好每一个细节，减少项目执行过程中不必要的损耗。

在材料的使用方面，项目经理可实行限额配料，根据实际情况确定材料的合理损耗率和分配情况，并建立材料明细账，防止仓库账目与实际情况不符。在领用材料时，项目经理应安排专职人员清点并确认，杜绝浪费及盗窃等漏洞。

同时，在设备的使用方面，项目经理要根据项目的性质、执行方案、设计要求等，制订出切实可行的设备配置计划，保证所配置的设备的规格、能力与项目任务和环境相适应。同时，项目经理要重视设备的维修保养工作，降低设备大修、经常性维修的开支。

3. 项目执行的环节

这个环节是整个项目中最复杂的一环，其运行的成功与否直接影响项目成本控制的成效，甚至关乎项目的成败。这就要求项目经理在推进项目执行的过程中必须本着科学、认真的原则，从项目实际出发，切实管理好项目执行的各环节。

在设计项目的执行方案时，项目经理要充分做好项目各阶段的方案比选工作，选择经济合理的执行方案，降低项目成本。例如，在设备的配备选择上，要通过仔细计算、分析来决定是购买设备还是租赁设备。项目经理要结合项目的规模、性质、现场条件、装备情况、人员配备等方面综合考虑，从可行性、经济性层面将不同的方案进行比较，选出可行的、成本最低的方案。

项目的执行过程是一个动态的投入和产出的过程，要做好项目成本控制，项目经理必须抓住以上三个重要环节，并根据项目的实际状况，对影响项目成本的因素进行认真分析。只有这样才能有效地做好项目成本控制工作，实现项目成本最小化的目标。

8.3.2 项目成本控制的原则

在进行项目成本控制的过程中，项目经理需要对项目各环节的费用支出进行指导、监督和调节，及时控制、纠正项目执行过程中产生的偏差，把各项费用控制在规定的范围内。在这一过程中，项目经理需要把握以下几个原则，如图 8-2 所示。

图8-2　项目成本控制原则

1. 全面控制的原则

全面控制体现在全方面控制和全过程控制两个方面。

（1）全方面控制：建立全员参与、权责统一的项目成本控制责任体系；项目经理及其他团队成员都负有成本控制的责任，在一定的范围内享有成本控制的权利。

（2）全过程控制：成本控制贯穿项目执行过程的每一个阶段；每一项业务都要纳入成本控制的范畴。

2. 动态控制的原则

（1）在项目启动前进行成本预测，确定目标成本，制订成本计划，规定各种材料的消耗额和费用开支标准。

（2）在项目执行阶段执行成本计划，落实降低成本的各种措施。

（3）成本控制随项目执行过程持续进行，与项目进度同步，不能时紧时松，更不能拖延。

（4）建立灵敏的成本信息反馈系统，及时获得成本变动信息、纠正成本偏差。

（5）规避不合理开支，把可能导致损失的苗头消灭在萌芽状态。

3. 创收与节约相结合的原则

项目执行既是消耗资财、人力的过程，也是创造财富的过程，其成本控制应坚持创收与节约相结合的原则。

（1）作为合同签约依据，在计算项目预算时，应"以支定收"，保证预算收入。在项目执行过程中，应"以收定支"，控制资源消耗及费用支出。

（2）每发生一笔成本费用，都要核查是否有相应的预算收入，分析项目的收支是否平衡。

（3）控制成本开支范围和开支标准，对各项成本费用的支出进行监督。

（4）项目的质量、进度、安全性对项目成本有很大影响，因此成本控制工作应与质量控制、进度控制、安全控制等工作相结合，避免返工损失，减少因项目延期违约、发生安全事故等导致的损失。

4. 责权利相结合的原则

要想使成本控制显现成效，必须贯彻责权利相结合的原则。项目成本涉及面广，必须建立覆盖项目全员的成本责任体系，明确每个人的责权，并使个人的成本绩效与奖金分配挂钩，有奖有罚。

遵循以上原则开展项目成本控制工作，能够有效提高全体项目成员的成本控制意识，将成本控制工作落实到项目执行的方方面面。同时，权责利相结合也有利于项目经理对项目成员进行奖励与追责，及时发现项目成本控制过程中存在漏洞的环节并及时调整。

8.3.3　成本控制的不同状况及对策

成本控制与项目进度密切相关，进度的滞后或超前都会对成本支出造成严重影响。在项目执行过程中，项目进度和成本支出可能会存在不同的状况，对于两者不同的状态，项目经理也要有不同的对策。

1. 进度滞后，成本超支

在某项目中，项目预算的计划成本为 50 000 元（PV），经审查，实际完成的工作量（EV）为 40 000 元；而实际成本（AC）为 60 000 元。

该项目的进度偏差为：SV=EV−PV=40 000−50 000=−10 000 元。

该项目的成本偏差为：CV=EV−AC=40 000−60 000=−20 000 元。

这表明该项目进度落后、成本超支。造成这一情况的原因有以下几点。

（1）成本估算错误。

（2）实际工作较预期困难得多。

（3）出现了一些不可预见的问题，使得工作需要更多成本。

（4）员工工作或设备运作等缺乏效率。

为避免项目延期或项目成本超支，可以适当缩小项目范围。如果项目既不能延期，也不能缩小项目范围，那么只能加快工作进度，这会产生赶工成本，导致项目成本上升。

2. 进度超前，成本符合

在某项目中，项目预算的计划成本（PV）为 50 000 元。实际完成的工作量（EV）为 60 000 元，而实际成本（AC）为 60 000 元。

该项目的进度偏差为：SV=EV−PV=60 000−50 000=10 000 元。

该项目的成本偏差为：CV=EV−AC=60 000−60 000=0 元。

这表明该项目进度超前、成本符合。造成这一现象的原因可能是在项目中投入了更多的人力，但劳动费率不变。例如，某工程项目的进度计划中包含了恶劣天气对进度的延误这一要素，如果项目执行过程中一直是好天气，项目成员就可以在原计划不能工作的时间内继续工作，同时劳动费率不变。

如何应对这一状况？当项目进度提前、成本符合时，项目经理要做的就是让项目慢下来。原因就在于如果项目提前完成的可交付成果不能及时移交客户，则很可能会产生可交付成果的储存费用。另外，项目经理还需考虑项目的现金流。如果项目进度超前，资金能否以相应的速度注入就是项目经理必须要思考的问题。如果资金不能及时注入，项目经理就必须将项目减速。

3. 进度滞后，成本符合

在某项目中，项目预算的计划成本（PV）为 50 000 元，实际完成的工作量（EV）为 40 000 元，而实际成本（AC）为 40 000 元。

该项目的进度偏差为：SV=EV−PV=40 000−50 000=−10 000 元。

该项目的成本偏差为：CV=EV−AC=40 000−40 000=0 元。

这表明该项目进度落后、成本符合。一般而言，造成这一情况的原因为劳动力预算费率准确，但员工短缺导致实际完成的工作量不足。这时项目经理就需要通过人员招募等方法进行进度压缩。

4. 进度超前，成本节省

在某项目中，项目预算的计划成本（PV）为 50 000 元，实际完成的工作量（EV）为 60 000 元，而实际成本（AC）为 40 000 元。

该项目的进度偏差为：SV=EV−PV=60 000−60 000=0 元。

该项目的成本偏差为：CV=EV−AC=60 000−40 000=20 000 元。

这表明该项目进度超前、成本节省。造成这一情况的原因可能有以下几个。

（1）实际的劳动费率比预期要低，或员工效率比预期要高。

（2）项目遇到了幸运点，计划中预计很难解决的困难在项目执行过程中很容易就被解决了。

这种情况在项目执行的过程中并不容易发生，因为除了应对能够预知的风险外，项目经理也需要应对不可预知的风险，这无疑会加大项目顺利完成的难度。

第 9 章
项目质量控制

项目质量控制指的是对于项目质量实施情况的管理，工作内容包括项目质量的度量，项目质量与项目质量标准的对比，项目质量误差的确认，项目质量问题的原因分析和通过各种方法消除项目质量误差等一系列活动。项目质量管理贯穿于项目管理的全过程。

9.1 质量控制方法

项目由不同的环节、阶段和要素组成，各环节、各阶段、各要素之间的关系十分紧密。因此在进行项目质量控制的过程中，项目经理应对项目的各环节、阶段和要素进行系统的分析，对项目质量进行系统的管理，实现项目控制的目标。

9.1.1 PDCA 质量管理循环法

PDCA 质量管理循环法将项目的质量管理分为四个阶段，即计划（Plan）、执行（Do）、检查（Check）、处理（Act）。

P：计划。在开展某个项目之前具体有哪些计划？项目规划是什么？明确项目计划是进行质量管理的前提，如果没有计划，项目质量管理最终会陷入混乱。在这个阶段，项目经理需要通过市场调研、客户访问等了解客户对于产品质量的要求，以此确定产品的质量目标和质量计划。

在这一阶段，项目经理可以通过 5W2H 法来制订计划。5W2H 法是一种有效的思考问题和解决问题的方法，通过这种方法，项目经理能够更快地抓住问题的本质，找到解决问题的办法。

在 5W2H 法中，5W 分别指以下几个方面。

（1）What——做什么工作？内容是什么？

（2）Why——为什么要做？有没有替代方案？

（3）How——由谁来做？

（4）When——什么时间做？

（5）Where——在哪里做？

2H 分别指以下二者。

（1）How——如何实施？方法是什么？

（2）How much——做到什么程度？质量水平如何？

通过对上面几个方面的分析，项目经理能够明确计划的核心要点，确保计划的科学性和合理性。

D：执行。有了明确的计划后，最重要的就是执行，这是所有计划的关键，计划只有经过实施才会真正落地。这个阶段的主要工作是执行计划，如根据质量标准进行产品设计和试验等。在计划执行的过程中，项目经理要时时了解执行进度，明确计划是否被切实地执行。

C：检查。在执行中关注每一个环节，检查过程中出现的问题。通过对计划执行过程的检查，项目经理可及时发现并解决计划执行过程中存在的问题，也能够明确计划执行是否能够满足预期结果。项目经理要客观评价执行的过程和结果，如果执行偏离了计划，就需要思考原因；如果圆满完成了计划，也要思考是否有其他更好的办法完成计划。

A：处理。对执行过程中出现的问题进行总结和处理，然后找到解决问题的方法。项目经理需要将根据此次计划制定的改善方案应用到以后的计划中，也可以制作相关业务手册，将成功经验分享给员工。

PDCA 循环的四个阶段并不是孤立的，而是相互联系的，其具有以下特点。

首先，PDCA 循环中大环套小环，相互促进。PDCA 循环应用的过程中，每一个环节中也有各自的 PDCA 循环。各小循环的不断运转推动整个循环的持续运转。

其次，PDCA 循环每循环一周项目质量就会上升一个台阶。经过一个循环，一些质量问题就会得到解决，项目的质量水平就会上升到一个新的高度，在新的基础上继续进行 PDCA 循环。通过这样的持续循环，质量问题就会不断得到解决，项目质量也会不断得到提高和改进。

9.1.2　零缺陷质量管理法

零缺陷质量管理法最早诞生于美国马丁马里塔公司。1962 年，该公司为了提高产品的质量并保证按期交货，在制造部门成功实施了零缺点计划，零缺陷质量管理法就是在这一计划的基础上产生的。零缺陷管理思想主张发挥人的主观能动性来实现产品质量管理，员工要努力使产品、业务没有缺点，向着高质量标准的目标而奋斗。

零缺陷并不是要求绝对没有缺陷，而是指以"缺陷等于零为目标，每个人都要在自己职责范围内努力做到零缺陷"。它要求员工本着严肃认真的态度将工作准确无误地完成，在生产的各环节严格把控产品的质量，而不是依靠产品生产之后的检验来纠正产品质量。

零缺陷质量管理法强调过程控制，要求第一次就把工作做正确，使产品符合对客户的要求。项目经理通过零缺陷质量管理法控制项目质量可以提高项目成员对项目质量的责任感，从而保证其工作质量和项目可交付成果的质量。

零缺陷质量管理法的具体要求如下。

（1）项目执行过程中的所有环节都不可向下一环节传送有缺陷的决策、物资、技术或零件。

（2）每个环节都必须建立相应的管理规范，按将责任落实到位，保证项目执行的所有环节都处于严密的监控中。

（3）每个环节都必须有对工作差错的事先防范及事中修正措施，保证差错能够及时被消除。

（4）以对人的管理为中心，建立激励机制与约束机制，发挥员工的主观能动性，让其成为产品质量的管理者。

零缺陷质量管理法的实施包括以下几个步骤。

1. 建立推行零缺陷管理的组织

制度、方法的推行都需要组织的保证，建立组织可以动员项目成员积极投入零缺陷管理，提高其参与管理的自觉性。项目经理要表明决心、做出表率，同时任命相应负责人并建立相应的制度。

2. 确定零缺陷管理的目标

确定项目成员在一定时期内所要达到的要求和评价标准，同时在实施的过程中及时公布项目成员完成目标的进展情况。

3. 进行绩效评价

项目经理需要定期对项目成员完成目标的情况进行评价，同时也应定期开展员工自评。

4. 建立相应的提案制度

项目经理需要建立相应的提案制度，对于不属于自己主观因素造成的错误，项目成员可向项目经理指出并提出建议，也可附上与此有关的改进方案。项目经理可与项目成员共同研究和处理问题。

5. 建立表彰制度

零缺陷管理的重点管理不是斥责犯错误的员工，而是表彰实现无缺陷工作的优秀员工，以此激发员工向无缺陷的目标前进。

在项目执行的过程中，只对项目各阶段的检查提起重视是远远不够的，过多的检查也会增加项目成本。项目经理更应思考的是如何防患于未然。零缺陷质量管理法能够提高项目成员工作的积极性，使其在项目执行过程中更加关注项目质量，从而实现项目质量控制的目的。

9.1.3　精确度量，注重全过程质量控制

在项目质量控制中，由于控制对象、控制范围不同，会产生若干个

控制子系统，每个子系统都有相应的控制目标。根据项目质量控制过程的不同阶段，项目质量控制可分为三类。

1. 事前控制

事前控制又称预先控制，即在项目启动前所进行的控制，本质上是一种预防性控制。在这一阶段，项目经理需要做好以下工作。

（1）认真贯彻项目质量方针和质量目标，组织与项目有关的一切质量工作，对项目所有生产质量活动负责，是项目质量的第一责任者。

（2）根据项目质量计划，结合项目实际情况，建立项目组织机构，配齐所需资源，落实质量责任制。

（3）制定项目质量管理目标及规划，掌握项目质量动态。

（4）定期召开质量工作会议，针对项目执行过程中存在的问题，提出纠正和预防措施，确保项目质量受控。

（5）组织项目执行过程中所需资源的配置和管理，处理好进度、质量、安全之间的关系。

（6）当出现质量事故时，组织质量事故的调查处理工作。

（7）按项目执行计划合理配置资源，避免因安排不当而使项目出现质量问题。

2. 过程控制

过程控制也称为事中控制，即在项目执行过程中所进行的控制。在项目质量的事中控制环节，项目经理需要做好以下几个方面的工作。

（1）工序交接检查。上道工序经检查验收后才可进行下道工序。

（2）分项工程验收。分项工程完成后，项目经理需对分项工程进行验收，对合格的分项工程进行签认并评定其质量等级；对不合格工程签发监理工程师通知单，要求进行整改和重新报验，复查合格后进行签认并进行质量检验评定。

（3）工程质量事故处理。当项目中出现工程事故时，项目经理要分析质量事故原因并制定可行的解决方案。

（4）行使质量监督权，下达停工指令。当出现产品未经检验就进行下一道工序、产品质量下滑、员工擅自使用未经批准的材料等情况时，项目经理可下达停工指令，处理相关质量问题。

3. 项目收尾阶段的控制

项目收尾阶段是项目生命周期的最后阶段，项目经理需要在这一阶段确认项目是否达到了预期的要求，并完成项目的移交和清算。项目收尾阶段的质量控制要点就是项目的合格控制，即对项目进行全面的质量检查，判断项目是否达到了预期的质量目标，对不合格项目提出处理方法，以保证项目符合质量要求。

项目的质量管理是指围绕项目质量进行的一系列协调、控制等活动，是一个系统的过程。在项目质量控制的过程中，项目经理应为项目的执行创造必要的条件，使之与项目质量要求相适应。项目全体成员及各合作方都必须保证其工作质量，做到工作流程标准化、规范化，以实现项目质量的最优化为目标，开展质量管理工作。

9.1.4　全员参与，授权员工改进质量

在进行质量控制的过程中，项目经理应实行全员参与的质量管理方法，即每一名员工都对项目质量负有责任。

项目质量是项目执行过程中各环节、各部门全部工作的综合反映，其中任何一个环节、任何一名员工的工作质量都会不同程度地影响项目质量。因此项目经理必须把项目全体成员的积极性充分调动起来，提高其工作素质和项目质量控制意识，人人做好本职工作，才能保证项目的质量。

具体而言，在推动全员参与质量管理方面，项目经理需要做好以下几个方面，如图 9-1 所示。

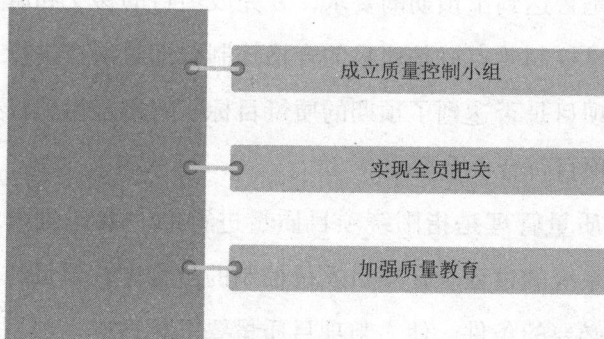

成立质量控制小组

实现全员把关

加强质量教育

图9-1　实现全员参与质量管理的方法

1. 成立质量控制小组

项目经理可以挑选一些基层管理人员和一线员工组成质量控制小组，以便及时发现并解决项目质量问题。质量控制小组的人数比较少，一般为 6~10 人，这样便于所有成员自由地进行相互交流。项目经理可以在项目内设置多个质量控制小组，实现对项目多方面、多环节的质量控制。

质量控制小组会提出很多质量改进意见，其中不乏一些十分有价值的意见，项目经理需要对这些改进意见给予足够的重视。或许其提出的某一条可行建议就可以使项目通过质量改进提高生产率或降低成本，从而获得更多收益。

2. 实现全员把关

全员参与的质量管理方法要求每一名员工都对产品质量负有责任，及时发现并解决质量问题，不让任何有质量问题的半成品进入下一道工序。

某产品的加工需要四道工序，假设每名员工都能够保证进入下一道工序的产品全部为质量合格的产品，即工序 1 的员工完成产品加工后能够百分之百地找出不合格的产品，并将其余的合格产品送到工序 2，同时其他工序的员工也如此操作，最终完成产品加工。

在这一过程中，每一个工序的员工都将不合格的产品剔除，再将合格的产品送到下一工序。与仅依赖质量检验部门剔除不合格产品的方法相比，这种全员把关的方法能够节约更多的劳动力成本和机器损耗成本。同样，这种管理方法可以缩短产品加工的工期。因为在后三道工序中节约了不必要的加工不合格产品的时间。

3. 加强质量教育

既然项目质量决定于项目全体成员，要求全员参与质量管理，就必须加强对项目全体成员的质量教育，使其在思想上高度重视质量，在管理上掌握与工作相适应的质量管理方法，并具有较高的技术操作水平。

在质量教育中，思想观念、管理方法、技术水平三者缺一不可。首先，项目经理应提高员工的质量意识，让其意识到自己有责任及时发现并解决质量问题。其次，项目经理应组织各级不同人员，根据工作需要，加强其对质量管理方法的学习，如在员工中普及质量控制各种工具的应用等。再次，项目经理要加强对员工的技术培训，以便提高其生产效率并减少不合格产品的数量。最后，项目经理还应对员工提高质量的行为进行物质上或精神上的激励。例如，可以将奖金和产品质量挂钩，质量好则奖金高，质量下降则奖金会受到明显影响。

质量教育不是一劳永逸的事，而需要不断地、经常性地进行，因为现代知识和技术更新的周期越来越短，只有不断学习，定期培训，才能适应发展的需要。实际上学习本身也是现代企业员工的一种精神需要，是满足员工需求、激励员工的一种有效途径。

9.2　常用质量统计工具图

要想对项目进行质量控制和质量改进就要了解项目的执行过程和产品的质量状况，把握项目质量的波动情况，为此项目经理需要收集、整理、分析项目执行过程中的各种数据。科学地运用各种质量统计工具图能够使项目经理的质量分析工作事半功倍。通过运用这些统计工具对大量的数据进行统计分析，项目经理能够找到影响产品或工作质量的主次原因，从中总结经验并指导员工工作，从而达到控制项目质量的目的。

9.2.1　树图

树图又称系统图，是为了达成目的或解决问题以"目的—手段"或"结果—原因"为形式绘制的图形，如图 9-2 所示，其目的是通过层层分析，找到最恰当的方法或最根本的原因。

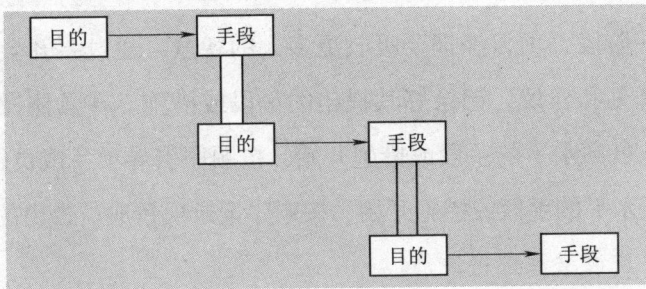

图9-2　树图

树图能够有逻辑地将对象展开，其内容一目了然，更具说服力。树图具有两种类型，一种是构成因素展开型，即把事物的组成事项逐一展开；另一种是措施展开型，即对解决问题或达到目的的手段加以展开。

在项目质量监控中，树图具有以下几个方面的作用。

（1）新产品研发过程中设计质量的展开。

（2）制订质量保证计划，对质量保证活动进行展开。

（3）对解决质量问题的方案进行展开。

在绘制树图时，项目经理需遵循以下步骤。

1. 确定具体的目的

项目经理需要以简明的描述标注目的，同时也应指出在手段实施或达到目的的过程中存在的制约因素。在确定好一系列的目的后，项目经理需要对各目的之间的逻辑性、关联性进行重新思考，确保各目标确立的合理性。

2. 提出手段或措施

在这一阶段，项目经理要吸收更多人的智慧，通过召开会议听取项目成员的意见和建议，记录好其提出的手段或措施。在具体操作上，项目经理可从最高水平的手段或措施开始，按顺序引导项目成员提出建议，也可以最低水平的手段或措施开始，按顺序记录项目成员提出的建议。

3. 对手段或措施进行评价

项目经理要客观、谨慎地对各种手段或措施进行评价。同时，越是不同寻常的手段或措施越容易被否定，但当其实现后，其效果也往往会更好，因此对于这种手段或措施更应慎重评价。

在确定好提出的手段或措施可实行并且能够实现最终目标后，项目经理还需要对各种手段或措施进行综合思考，考虑是否能够系统地开展这些手段或措施。同时，项目经理也需要对各手段或措施的实施计划进行周密的安排，明确实施内容、期限和责任人。

9.2.2　散布图

在分析项目质量问题的原因时，项目经理需要了解各质量因素之间的关系。这些变量之间的关系难以进行解析描述，也不能由一个或几个变量的数值精确地求出另一个变量的数值，为非确定性关系。这时项目经理就可以通过散布图将两个非确定性关系变量的数据列出，标记在坐标图上，进而观察两个变量之间的关系。

散布图的画法分为两个步骤，即收集数据和绘制图表。当需要研究的两个变量分别为原因和结果时，则原因变量为自变量，结果变量为因变量。通过抽样检测可得到两个变量的一组数据。接下来就需要在直角坐标系中，把两个变量对应的数据以点的形式一一描出。

散布图的作用表现在以下几个方面。

首先，散布图能够确定两个变量之间的相关性。两个变量之间的散布图存在下列六种情形。

（1）强正相关。当 x 增大时，y 也随之线性增大。此时只要控制住 x，y 也随之被控制住了，如图 9-3 所示。

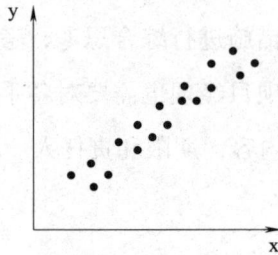

图9-3　强正相关

（2）弱正相关。点分布在一条直线附近，当 x 增大时，y 基本上也随之线性增大，这表明虽然 x 能够在很大程度上影响 y，但是除了因素 x 外还有其他因素影响 y，如图 9-4 所示。

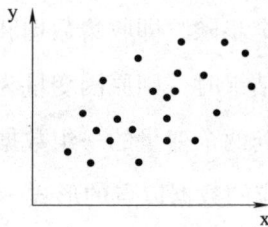

图9-4　弱正相关

（3）强负相关。y随x的增大而减小，如图9-5所示。

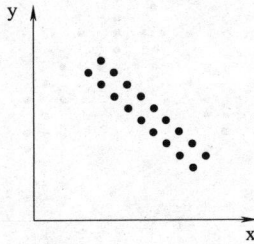

图9-5 强负相关

（4）弱负相关。当x增大时，y基本上随之线性减小，如图9-6所示。

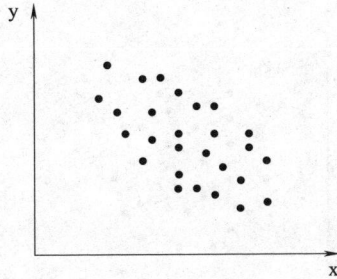

图9-6 弱负相关

（5）非线性相关。x、y之间可用曲线方程进行拟合，根据两变量之间的曲线关系，可通过对x的控制实现对y的控制，如图9-7所示。

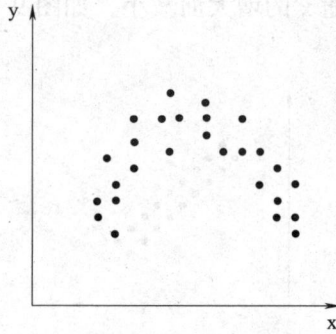

图9-7　非线性相关

（6）不相关。x 和 y 两变量之间没有一种明确的趋势关系，表明两变量互不相关，如图 9-8 所示。

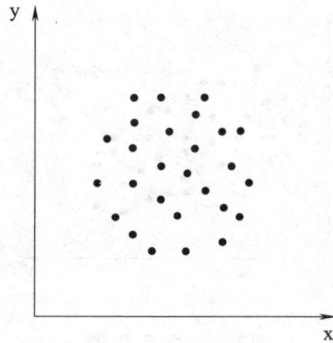

图9-8　不相关

其次，通过对变量间关系的分析，能够实现变量控制。通过分析各变量之间的关系，项目经理能够确定各变量间的关联性类型及关联强弱，当两个变量间的关联性很强时，就可以通过对容易控制的变量的控制实现对较难控制的变量的间接控制。

最后，项目经理可以把质量问题作为因变量，确定各因素对某一质量指标的影响程度。当同时分析各因素对某一质量指标的影响程度，或某一质量问题的引发因素包含多个因素时，应将质量数据按照各种可能因素类型进行分类，如按使用设备分类、按工作时间分类、按使用原材料分类、按工艺方法分类等。将各种因素进行分类能够使各因素间的内在联系更清晰地显示出来。

9.2.3　因果图

因果图是一种表示已知结果与其可能存在的原因之间关系的工具图，各原因一般为类别原因或子原因，形成类似鱼骨的图样，因此也被称为鱼骨图。项目经理可通过因果图分析产生项目质量问题的因果关系，通过症状识别、分析原因，找出解决问题的方法。分析问题的因果图见图 9-9。

项目经理可通过逻辑推理法和发散整理法两种方法绘制因果图。当项目经理通过逻辑推理法绘制因果图时，其步骤如下。

（1）根据因果图分析的目的确定质量结果。

（2）将质量结果写在纸的右侧，从左至右画一个箭头，即因果图的

"主骨"，接下来，在箭头两侧列出影响这一结果的主要原因作为"大骨"。

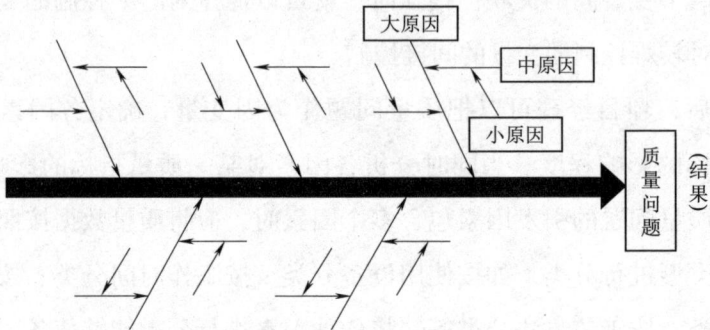

大原因

中原因

小原因

质量问题

（结果）

图9-9　因果图

（3）列出影响这些主要原因的其他原因，即第二层原因，作为"中骨"。然后用"小骨"列出影响"中骨"的第三层次的原因，以此类推。

（4）根据对质量结果影响的重要程度，将对质量结果有显著影响的重要因素标注出来。

（5）在因果图上标注必要的信息。

当项目经理通过发散整理法绘制因果图时，其步骤如下。

第一步：选择主题，确定质量结果。

第二步：找出尽可能多的可能会影响结果的因素。

第三步：找出各因素之间的关系，以表示因果关系的箭头将其联系起来。

第四步：根据对结果影响的重要程度，将对结果有显著影响的重要因素标注出来。

　　第五步：在因果图上标注必要的信息。

　　只有集思广益才能够绘制出更科学的因果图。项目经理可召开项目会议，与项目成员就某一质量问题展开讨论，共同绘制因果图，以免疏漏。同时，在确定不同层级的原因时，原因需是具体并且可验证的。

9.2.4　控制图

　　控制图又称管理图，是用来判断产品生产过程中质量状况是否产生波动的一种质量控制统计方法。控制图法是工序质量控制的有效手段，是一种动态的质量分析与控制的方法。控制图对判断质量稳定性、评定工艺过程质量状态有着重要作用，可以为质量评定提供依据。控制图的基本样式如图 9-10 所示。

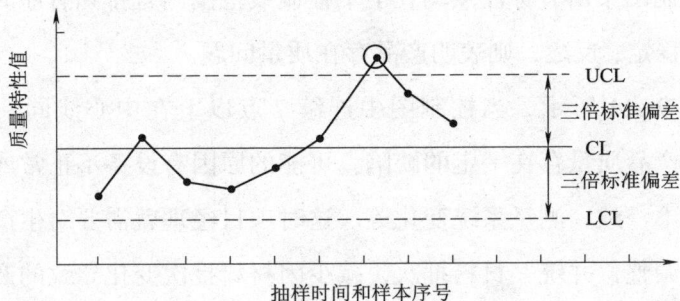

图9-10　控制图

控制图的纵坐标表示质量特性值，横坐标表示抽样时间和样本序号，样本的排序遵循产品加工的过程。图中的 CL 为中心线，表示样本的标准特性值，用实线表示；UCL 为上控制线，LCL 为下控制线，用虚线表示。在确定 UCL 和 LCL 时，一般采用"三倍标准偏差法"，以中心线为基准向上或向下度量三倍标准偏差，确定上下控制界限。

绘制控制图一般需要遵循以下步骤。

（1）画控制界限。将两图的上下控制界限画出，标出中心线和上下控制界限值。

（2）取样。按控制计划规定的项目和频次连续抽取样本测量。

（3）将不同样本的质量特征值标注在控制图上，并以直线连接不同的标注点。

（4）将失控点及趋势标注出来。

当控制图中所有标注点均在上下控制线范围内且排列有序时，表明产品质量稳定；反之，则表明产品存在质量问题。

如图 9-11 所示，当控制图中连续 7 点以上在中心线同一侧出现时，表明产品质量存在一定的缺陷，可能的原因有设备不正常或松动磨损、材料不一致、测量系统变化等。这时项目经理就需要对生产设备进行检查、调整，并统一材料批次，减少因材料批次变化导致的产品质量波动。

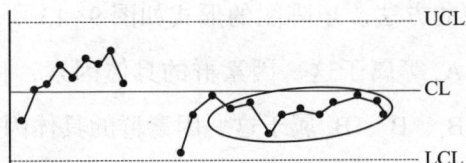

图9-11　连续7点以上在中心线同一侧出现

如图 9-12 所示，当样本的标注点超出控制线范围时，表明产品存在较为严重的质量问题，可能是设备故障、工序缺失、员工操作失误等原因造成的。项目经理需要检修或更新设备，改进产品生产工艺并补充中间工序，对员工进行设备操作和产品测量的岗位培训等。

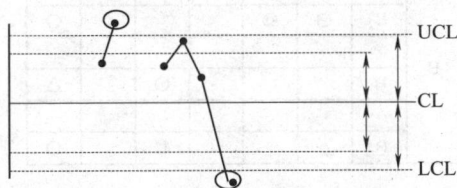

图9-12　标注点超出控制线范围

通过绘制控制图，项目经理能够识别产品生产过程中的质量状态，并根据标注点位置及变化趋势分析产品出现质量问题的原因，从而有针对性地采取处理措施。

9.2.5　矩阵图

矩阵图法是从复杂的事件中找出成对的因素并绘制成矩阵图，再根据矩阵图分析问题的方法。矩阵图的形式如图 9-13 所示，A 为某一个因素群，A_1、A_2、A_3 等属于这一因素群的具体因素，将其排列成行；B 为另一个因素群，B_1、B_2、B_3 属于这一因素群的具体因素，将其排列成列；行和列的交点表示 A 和 B 各因素之间的关系。通常用"◎"表示关系密切，"○"表示有关系，"△"表示可能有关系。交点上行和列因素是否相关联和关联程度的大小能够显示出质量问题产生的原因，同时项目经理也可以根据矩阵图分析解决质量问题的方法。

		A					
		A_1	A_2	...	A_i	...	A_n
B	B_1						◎
	B_2	○	◎				○
	...						
	B_i				○		△
	...						
	B_n	△			◎		○

图9-13　矩阵图

　　质量管理矩阵图的成对因素是需要着重分析的质量问题的两个方面，如出现了不合格的产品时，要着重分析产品不合格的现象及其原因之间的关系。项目经理需要把所有质量问题和造成这些问题的原因都罗列出来，分析具体质量问题与具体原因之间的关系，这些具体质量问题和具体原因分别构成矩阵图中的行元素和列元素。

　　矩阵图的优点在于其能够清晰地显示对应元素的交点及对应元素的

关系，可用于分析成对的质量影响因素。矩阵图的用途十分广泛，在项目质量管理中，矩阵图能够帮助项目经理解决以下问题。

问题一：把系列产品的不同功能相对应，能够从中找出研发新产品或升级旧产品的切入点。

问题二：明确产品的质量特性与测试项目之间的关系，能够提高质量评价的效率。

问题三：当产品生产过程中存在多种问题，并且这些问题存在一些共同的原因时，项目经理可以据此绘制矩阵图，以便弄清质量问题及其产生原因之间的关系，进而解决问题。

在应用矩阵图时，项目经理需要注意应将分析的对象表示在合适的矩阵图上。矩阵图具有不同的类别，常见的矩阵图有以下几种。

（1）L 形矩阵图。用矩阵的行和列排列的二元表的形式表达一对元素的一种矩阵图，适用于目的和手段的对应关系，或原因和结果之间的对应关系，如图 9–14 所示。

A / B		A		
		A_1	A_2	A_3
B	B_1			
	B_2			
	B_3			

图9–14　L形矩阵图

（2）T 形矩阵图。为 A、B 因素的 L 形矩阵和 A、C 因素的 L 形矩阵图的组合矩阵图，用于分析质量问题中"不良现象—原因—工序"之间的关系，也可以用于分析"材料成分—特性—用途"之间的关系，如图9-15所示。

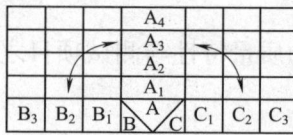

图9-15　T形矩阵图

（3）Y形矩阵图。即把A和B两因素、B和C两因素、C和A两因素三个L形矩阵图组合在一起的矩阵图，如图9-16所示。

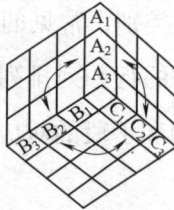

图9-16　Y形矩阵图

（4）X形矩阵图。是把A因素和B因素、B因素和C因素、C因素和D因素、D因素和A因素四个L形矩阵图组合在一起的矩阵图，能够表示A和B、D，B和A、C，C和B、D，D和A、C之间的相互关系，如图9-17所示。

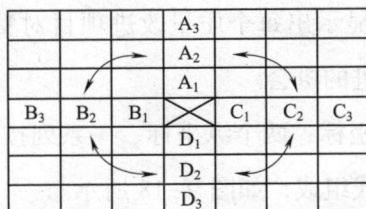

图9-17　X形矩阵图

制作矩阵图一般要遵循以下几个步骤。

第一步：列出质量因素。

第二步：把成对因素排列成行和列，表示其对应关系。

第三步：选择合适的矩阵图类型。

第四步：在成对因素交点处用不同符号表示其关系程度。

第五步：根据关系程度标示出需要控制的重点因素。

第六步：针对重点因素制定对策。

除了用于质量问题分析外，矩阵图还可以用于项目日常业务的记录、数据的收集等方面。

9.2.6　排列图

排列图又称帕累托图，是将质量改进项目从最重要到最次要顺序排列而采用的一种图表。其目的是识别出代表一组数据中的频数或相对频数的"关键少数"区域，即数据列或类别。排列图的作用包括两个方面，一是按主要顺序显示出每个质量改进项目对整个质量问题的影响；二是识别进行质量改进的机会。

　　排列图由一个横坐标、两个纵坐标、一系列按高低顺序排列的矩形及一条累计百分比折线组成，如图9-18所示。

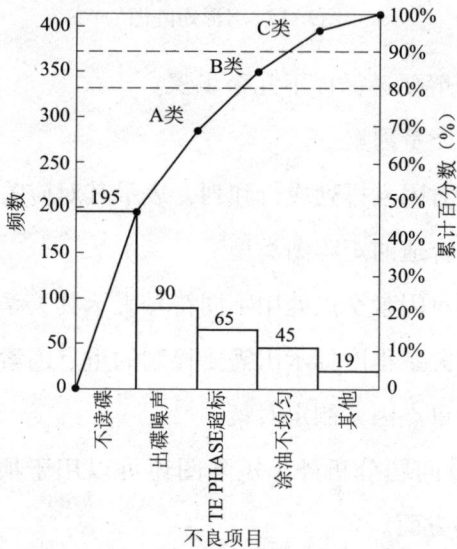

图9-18　排列图

制作排列图的步骤如下。

（1）选题：明确需要根据排列图解决的问题。

（2）确定问题调查的期间。

（3）确定哪些数据是必要的并将数据进行分类，如产品不合格的类型，不同工序、不同机器设备等。

（4）确定收集数据的方法以及在何时收集数据。

（5）将各分类项目及出现的频数依次填入数据统计表，累计不同分类项目的不合格数，各项不合格所占的百分比。

（6）画两根纵轴和一根横轴，左边纵轴标注频数的刻度，最大刻度为总频数；右边纵轴标注频率的刻度，最大刻度为100%。左边总频数的刻度与右边总频率的刻度高度相等。横轴上将各项目频数从大到小依次列出。

（7）在横轴上按频数大小依次绘制好矩形，矩形的高度代表频数的大小。

（8）在每个矩形上方标上频数值并描点，再用直线将这些点连接起来，形成频数折线。

（9）在图上记录必要的排列图名称、数据、单位、合计数据等。

在制作排列图时，项目经理需要注意以下要点。

第一，分类方法不同，得到的排列图不同。为了能够从不同的角度观察问题，就需要用不同的分类方法进行分类，以明确影响产品质量的"关键的少数"。

第二，为了明确"关键的少数"，通常把累计频率分为三类：在0～80%的因素为 A 类因素，即主要因素；在80%～90%的因素为 B 类因素，即次要因素；在90%～100%的因素为 C 类因素，即一般因素。根据排列图明确了引起问题的主要原因之后，也就明确了能够解决问题的"关键的少数"。

　　某项目质量控制小组对其电子产品的质量检查情况进行了统计，整理后的统计表如表 9-1 所示。

表9-1　电子产品的质量检查情况

序号	项目	频数	累计	累计频率（%）
A	接头焊接缺陷	4 871	4 871	46.02
B	网线外露	2 123	6 994	66.08
C	内毛边	1 521	8 515	80.45
D	成型不足	998	9 513	89.88
E	成型部缩水	981	10 494	99.15
F	绝缘缺陷	51	10 545	99.63
G	导通缺陷	41	10 586	100.00

根据该表格绘制的排列图如图 9-19 所示。

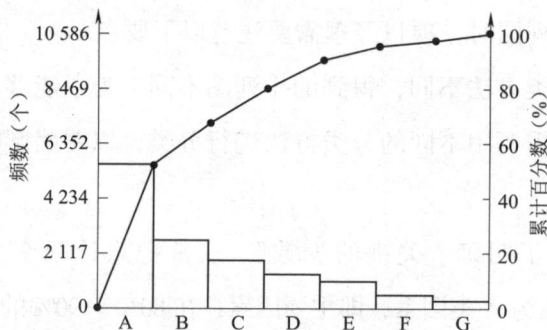

图9-19　电子产品的质量检查情况排列图

从图 9–19 中可看出，"插头焊接缺陷"是该电子产品众多不良项目中"关键的少数"，是电子产品存在质量问题的主要原因，应作为质量改进的主要研究对象。

通过对排列图的分析，项目经理能够确定采取措施的顺序。一般而言，把发生率高的质量问题的原因降低一半要比将质量问题的原因完全消除更为容易。因此，从排列图中矩形柱最高的质量原因着手采取措施能够事半功倍。通过对采取措施后的排列图的前后对比，项目经理可了解各影响因素的变化，可以验证采取措施的效果。

9.2.7 直方图

直方图是用一系列宽度相同、高度不同的长方形表示数据的图形。长方形的宽度表示数据的间隔，高度表示在既定间隔内的数据数。直方图能够显示质量波动的状态，直观地传递生产过程中质量状况的信息，项目经理可根据直方图研究质量数据波动状况，从而确定在哪些地方集中力量进行质量改进工作。

应用直方图的步骤如下。

（1）收集数据：频数一般大于 50。

（2）确定数据的极差。

（3）确定组距：一般取测量单位的整倍数。

（4）确定各组的界限值：界限值一般为最小测量单位的 1/2。

（5）编制频数分布表。

（6）按数据值比例绘制横坐标和纵坐标。

（7）绘制直方图，在直方图上标注公差范围、样本大小、样本平均值、样本标准偏差值等。

对直方图进行分析，就是从整体上观察数据的分布规律和直方图的形态并做出判断。直方图主要有以下几种形态。

形态一：正常型。可判定产品生产运行正常，处于稳定状态，如图 9-20 所示。

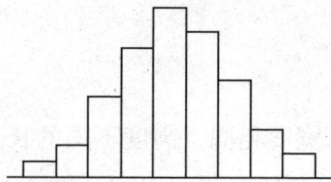

图9-20　正常型

形态二：陡壁型。直方图在某一侧出现了陡壁的形状。这通常是在生产中通过检查，排除了不合格产品后的数据做出的直方图，如图 9-21 所示。

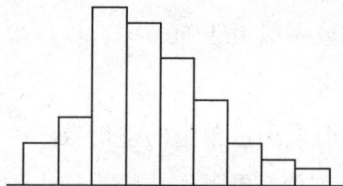

图9-21　陡壁型

形态三：双峰型。这是由于数据来自不同的主体，如由来自两台设备生产出来的产品混在一起造成的，如图 9-22 所示。

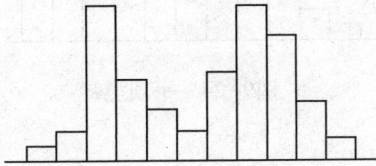

图9-22　双峰型

形态四：孤岛型。这是由于测量工具有误差、材料改变、设备严重磨损、员工操作疏忽、混入规格不同的产品等造成的，如图 9-23 所示。

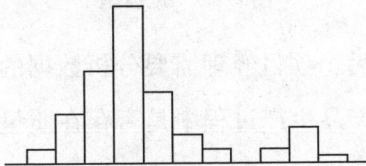

图9-23　孤岛型

形态五：平顶型。这是由于生产过程中的缓慢因素作用引起的，如设备缓慢磨损、员工疲劳等，如图 9-24 所示。

形态六：锯齿型。这是由于直方图分组过多、测量数据不准等原因造成的，如图 9-25 所示。

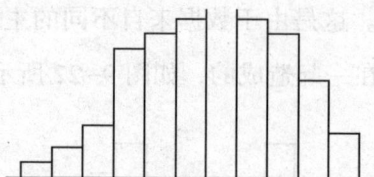

图9-24 平顶型

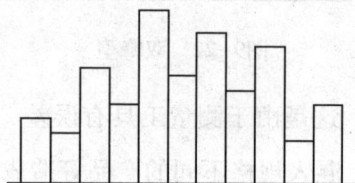

图9-25 锯齿型

在绘制好直方图后，项目经理需要分析数据的分布规律，判断直方图的形态，以此判断产品生产过程中是否存在质量问题以及哪些原因导致了产品的质量问题。

第 10 章
项目变更控制

项目变更控制指建立一套完善的程序对项目的变更进行控制，以便保证项目目标的实现。当项目的基准发生变化时，其质量、成本和计划也会相应地发生变化，为了实现项目目标，必须要对项目发生的变化采取必要的应变措施。

项目变化是指项目的实际情况与项目计划产生了偏差，但项目发生变化并不一定会导致项目变更，只有当产生较大的项目变化，项目计划必须随项目变化进行变动时，才会产生项目变更。项目变更控制的关键不是控制变更的发生，而是做好变更管理，确保项目能够有序进行。对于一些规模较大、用时较长的项目来说，发生变更的环节较多，因此进行变更控制尤为重要。

10.1　项目变更控制的基本内容

在项目管理的过程中，变更管理对项目能否顺利完成起着非常重要的作用。为了做好项目变更管理，项目经理要了解项目变更的各种原因、依据项目变更流程进行项目变更管理，同时避免项目变更的误区。

10.1.1　项目变更的原因

引起项目变更的因素主要来自两个方面，分别是外部因素和内部因素。政策变化引起的项目范围变化、客户需求变更引起的项目计划、项目成本变更等为外部因素；项目开发过程中的设计错误、操作失误等为导致项目变更的内部因素。

市场环境、政策等外部因素的变化不可避免。在这方面，项目经理需要做好市场监控，当外部环境变化时，要及时制定合理的项目变更方案并组织实施。

当项目变更申请由客户提出时，项目经理要重视客户的需求，了解客户需求变化的原因，让其填写项目变更申请表并记录留存。只有当项目经理清晰地理解了客户的变更申请，才能进一步评估变更的影响，并决定是否接受变更申请。项目变更申请如表10-1所示。

表10-1　项目变更申请

申请人		申请日期		
申请编号		重要性（紧急、高、中、低）		
变更概述				
变更详情				
变更原因及预期收益				
预计的变更预估成本				
预计费用（人民币）		预计时间		
评估人		日期		
评估授权				
甲方签名：		乙方签名（项目经理）：		
日期：		日期：		
变更预计影响（时间、成本、资源等）				
影响（高、中、低）		复杂性（高、中、低）		
受影响交付成果列表				
交付成果编号	描述	版本		
决定				
对上述变更的实施决定如下： □批准 □延期再议 □需要甲方追加资金进一步评估 □需要乙方追加资金进一步评估 □拒绝				
甲方签名：		乙方签名（项目经理）：		
日期：		日期：		

除了外部因素之外，项目变更也受到内部因素的影响。影响项目变动的内部因素主要表现在两个方面。

1. 项目设计不够完善

项目设计不够完善是导致项目变更的主要因素之一。一些工程项目为了提高项目进度，在设计图纸还不完善的情况下，就匆忙进行施工，图纸中存在的大量问题都需要在工程建设的过程中解决，这是造成项目变更的重要原因；同时，一些项目为追求经济效益，在基本资料不全面，设计思路不清晰的情况下，就匆忙进入设计阶段，致使设计缺乏深度，许多地方设计得不尽人意，在施工的过程中频频变更施工图，从而导致项目的变更。

2. 没有严格的监控

对项目执行缺乏严格的监控是形成项目变更的又一重要因素。一些项目经理对项目执行的过程没有进行严格的监控，导致项目执行与项目计划脱节，最终导致产品质量下降、成本增加等问题而不得不进行产品变更。

在项目中出现这些问题导致项目变更时，项目经理必须仔细分析原因并吸取教训，在完善项目设计、制订好项目变更计划的基础上，必须做好对项目执行过程的监控，及时发现并解决问题，避免在项目变更管理的过程中产生导致项目再次变更的问题。

10.1.2　项目变更流程

项目变更需要遵循一定的流程展开，合理的流程能够帮助项目经理进行项目变更控制。项目变更流程包括以下步骤。

1. 提出或接受项目变更请求

项目变更流程的第一步就是项目经理提出项目变更请求或接受项目成员、客户提出的项目变更请求。在这一环节，项目经理需要谨慎地分析项目当前的状态、项目成员或客户提出项目变更申请的理由，思考项目变更的必要性。项目经理需要思考以下问题。

（1）项目变更是否会影响项目范围、成本、质量和时间进度？

（2）项目变更是否会对生产设备和工具产生影响？

（3）项目变更会对材料和成品库存产生什么样的影响？

（4）项目变更会不会影响项目开发产品的形式和功能？

（5）项目变更会对产品在市场中的接受度产生怎样的影响？

（6）项目变更是否会影响项目完成的工期或成本？如果影响，将如何解决这一问题？

2. 根据项目变更申请召集相关干系人对变更请求进行分析

项目经理需要召集项目相关干系人，如自己的上级、项目成员、其他部门的相关人员等针对项目变更请求分析其综合影响，并对其实施提出建议。

3. 将项目变更申请连同其综合分析报告和实施建议提交给相应的干系人进行审批

项目变更申请的审批不是项目经理一个人完成的。当项目变更申请涉及财务部门、人力资源部门时，也需要其部门负责人对项目变更申请进行审批。如果变更被某一干系人否决了，项目经理需要与其进行沟通，了解其否决申请的原因，同时在项目变更日志中对项目状态进行记录。

4. 更新项目计划、稳步推进工作

如果变更请求最终被批准通过，则项目经理需要将变更请求更新到项目变更日志中，同时需要制订项目变更计划，将项目变更计划融入此前的项目计划中。此外，也要对项目变更计划的实施进行监督，保证相关干系人严格按照计划开展工作。

总之，项目变更控制工作必须按照一定的流程进行，以便项目经理对项目变更计划进行全面的把控。此外，项目变更计划并不是一成不变的，在对其进行监控的过程中，一旦发现了哪一环节存在问题，项目经理也需要及时对其进程调整，使变更管理更适合项目的实施需要。

10.1.3　项目变更控制的误区

项目变更控制是一项复杂的工作，在此工作中一旦有所疏忽，就可能会陷入项目变更控制的误区。项目变更控制的误区表现在以下几个方面，这些都是项目经理需要避免的，如图 10-1 所示。

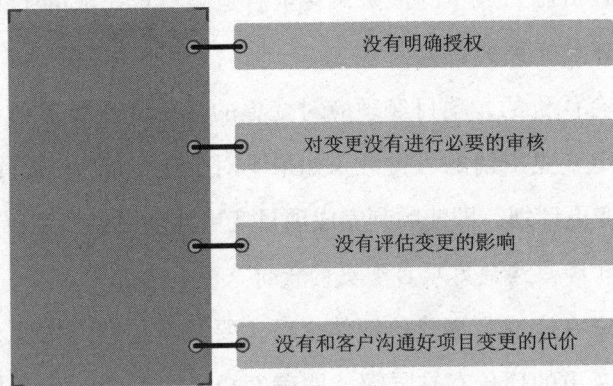

	没有明确授权
	对变更没有进行必要的审核
	没有评估变更的影响
	没有和客户沟通好项目变更的代价

图10-1　项目变更控制的误区

1. 没有明确授权

在进行项目变更管理时，项目经理应事先明确客户方有权提出变更申请的相关负责人和项目实施的过程中有权受理变更的相关负责人，同时要控制双方人数，这样才能对项目变更进行整体的控制。另外，明确授权还可以避免客户内部的矛盾，如果客户方只有一个负责人，内部尚未达成一致时，变更请求无法通过。授权可以减少变更内容和变更次数，避免因客户内部意见不同而导致的反复变更。

2. 对变更没有进行必要的审核

并不是所有的变更申请都是合理的，也不是所有变更申请都要立刻执行，审核的目的就是决定是否需要执行变更申请以及什么时候执行变更申请。如果不对变更申请进行必要的审核而只一味地执行变更申请，就可能会导致资源、成本的浪费，甚至会延误项目完成的工期。

3. 没有评估变更的影响

变更是有代价的，项目经理应对变更的代价和变更对项目的影响进行评估，确定变更申请的可行性。如果不对变更的影响进行评估就贸然地执行项目变更计划，即使顺利完成项目变更计划也会产生巨大的代价。

4. 没有和客户沟通好项目变更的代价

项目经理在完成变更代价评估之后，要及时与客户沟通，明确客户是否对项目变更的代价存在异议，明确客户是否愿意承受项目变更的代价。当项目经理与客户进行确认后，一般有两种可能：一是客户接受这一后果，项目变更继续；二是客户认为代价太大，项目变更终止。

10.1.4 某项目变更流程范例

在项目管理的过程中，变更管理对项目的完成具有重要作用，是否对变更申请进行充分的分析和全面的审核、是否充分评估了变更的影响、变更的信息是否可跟踪和验证等都对项目的可交付成果具有重要影响。某公司为项目变更制定了完善的流程，要求员工在项目执行过程中严格按照流程执行项目变更。项目变更流程的内容如下。

1. 项目变更管理流程基本信息

（1）制定流程的目的。规范项目变更流程，确保项目执行过程中的变更在执行以前已经经过记录、评估、审核，确保变更合理、可控。

（2）流程的适用范围。适用于本公司开展的所有项目。

2. 变更提出的原则

（1）项目执行过程中发生的项目范围的调整。

（2）项目执行过程中发生的质量目标的调整。

（3）项目的核心管理人员、技术人员调整。

（4）项目设计方案变更、关键工序变更时，必须执行此流程。

（5）项目计划延期超过两周的才能够提出时间变更；若项目延期超过四周，则必须按照时间变更执行此流程。

（6）项目合作过程中，合作方资源无法保证导致的设计方案、工艺方案和项目暂停、项目终止等变更，需执行此流程。

（7）由于客户需求、项目评审会议、资源配置导致的项目范围、时间、关键设计方案、质量目标发生符合上述项目变更要求的改变，均需执行项目变更流程。

3. 角色与职责

（1）项目经理。项目经理负责审核项目变更信息，结合产品战略、产品需求判断变更的合理性并给出变更意见。

（2）项目工程师。项目工程师负责项目变更信息、影响分析的初步审核，评审会议的组织及变更的跟踪。

（3）项目部门经理。项目部门经理需要对项目变更信息进行审核，并从部门安排、资源保障的角度分析变更的合理性，并给出变更意见。

4. 变更的提出

（1）团队员工根据变更原则识别变更需求，与项目经理进行沟通并填写《项目变更申请表》。

（2）将《项目变更申请表》及相关资料提交给项目经理。

5. 变更审核

（1）项目经理。对是否同意变更作出判断，明确执行或不执行变更的风险及变更的影响。

（2）项目工程师。从项目目标和变更可行性角度对变更进行审核。

（3）项目部门经理。从流程和项目管理的角度分析变更合理性并进行变更审核。

6. 变更的执行

一旦变更得到批准，项目经理应组织变更计划的执行，并按照计划进行资源调配，监控变更流程，同时将变更结果告知项目工程师和项目部门经理。

10.2　变更控制方法

项目变更控制的目的是对项目变更进行合理的管理，保证变更有序进行，为了实现这一目的，项目经理需要掌握必要的项目变更控制方法。项目变更的原因是多方面的，如项目进度变更、成本变更、设计变更、范围变更等，在对不同类型的项目变更进行管理时，需要有针对性地使用不同的办法。

10.2.1　进度变更：增加资源投入，压缩工期

在项目执行的过程中发生项目进度变更是十分常见的，其原因可能是前期的项目进度计划不合理、资源分配不合理、合作方违约或受天气因素的影响等。当项目前期的工作延期导致项目后期的工作难以如期完成时，项目经理就必须调整项目进度，压缩工期，以保证项目最终能够如期完成。

在项目进度变更管理的过程中，项目经理可以通过以下方法实现项目进度控制。

1.增加资源投入

增加资源投入是推进项目进度的有效手段，项目经理可增加项目的人力资源投入、设备投入、资金投入等。

（1）人力资源投入：在增加人力资源投入时，不仅要保证员工的数量，而且要保证员工的素质。项目经理需要对员工的工作能力进行严格把关，所有参与产品生产或项目施工的员工必须经过专业的技术培训和技术考核。

（2）设备投入：为缩短工期、降低劳动强度，可最大限度地采用机械化作业。例如，在工程项目中，项目经理可以为各施工小组配备各种专业的施工及运输工具，通过机械化作业提高工作效率。同时，若项目施工或产品生产所用的设备存在磨损严重或经常出现问题需要维修时，项目经理也需要及时更新设备，避免因设备故障对项目进度造成影响。

（3）资金投入：增加人力资源投入和设备投入势必会导致项目的资金投入增加，这时项目经理就可以向上级申请使用项目的备用金。项目经理可寻找项目的承包商，将项目的部分工作承包出去，以此压缩项目工期。

2. 项目进度调整

项目经理可以通过快速跟进的方法调整项目进度，即将原来按顺序排列的活动改为并行开展，以此压缩工期。例如，在工程设计图纸还未完全完成之前就开始进行部分工程的施工。同时，快速跟进可能会导致项目成本增加并提高项目返工的风险。

3. 加强监控、控制进度

项目经理需要通过召开各种会议加强对项目进度的监控。项目经理需要在每天的日例会上检查当天工作进度情况、安排次日的工作计划，同时在周例会上分析并解决项目当前存在的问题，并检查月进度。此外，还要在月例会中检查月进度并进行阶段性总结。在会议完成后，项目经理需要整理相关的日报、周报和月报，保证项目进度变更计划的层层落实。

在发生项目进度变更时，项目经理需要推进项目变更计划的实施并做好监控，保证项目能够通过进度调整按时完成。同时，项目进度调整可能会带来项目成本的增加，如何将增加的成本降到最低也是项目经理需要认真思考的问题。

10.2.2　设计变更：科学管理，及时结算

设计变更是指在项目执行过程中，对已批准的项目设计文件所进行的修改、优化等活动。在项目执行的过程中，可能会遇到一些原设计方案未考虑到的情况，或者客户提出新的需求，如改变或增加产品功能等，这些情况都会导致项目设计的变更。

如何对项目设计变更进行控制？项目经理需要做好以下几个方面。

1. 重视项目设计方案的评估和审核

在进行项目设计变更之前，项目经理需要对项目设计变更方案进行评估和审核，确定设计变更的必要性和可行性。如果设计变更是必要的，项目经理需要及时与项目其他干系人沟通情况，保证设计变更有足够的资源支持。

2. 明确合同约定

当发生项目设计变更，尤其是客户提出的设计变更时，项目经理需要第一时间查看合同，了解双方当时对于项目变更的约定。如果当时合同中对项目设计变更做出了一定的限制和要求，那么项目经理就可以要

求客户履行职责，如对项目追加投资或提供其他方面的支持等。

3. 制订项目设计变更计划并实施

项目经理需要根据变更后的设计图制订合理的变更计划，调整员工的工作。同时，项目经理也需要做好对执行过程的监控，并将执行结果及时反馈给各项目干系人。

最后，在项目设计变更完成后，项目经理还需要将变更计划和设计文件归档保存。

10.2.3　范围变更：明确影响，控制过程

对项目范围变更进行控制的目的是实现项目范围管理，即为了成功地实现项目目标，规定哪些工作是应该做的，哪些工作是不应该做的，明确"做什么、怎么做、做到什么程度"。项目范围变更控制的关键在于规范变更的程序，最大限度地降低范围变更对项目造成的影响。

范围变更控制的目的包括以下三个方面：第一，对造成范围变化的因素进行控制，保证变化是有益的；第二，判断范围变化已经发生；第三，对范围变化进行管理。

如何进行项目变更控制？项目经理需要注意以下要点。

（1）记录范围变更请求。不论范围变更申请是否被审批通过，项目经理都应将变更请求记录下来。有些范围变更申请虽然没有被批准，但依旧可以作为其他同类项目明确范围的依据。

（2）明确范围变更细节、分析变更的必要性。

（3）对范围变更产生的原因进行分析，明确是项目初期没有明确项目需求或范围产生的变更，还是在项目执行过程中由于外部环境变化产生的变更。

（4）根据变更请求，分析范围变更对项目产生的影响以及与其他变更之间的关系。

（5）根据范围变更请求对项目进度的影响程度，分析其变更成本。

（6）当项目范围变更已经被审核并批准时，项目经理就需要根据变更申请制订相应的变更计划，确定变更进度安排和人员、设备等的分配。

（7）将范围变更计划归档并告知相关的干系人。

（8）执行范围变更计划并做好监督，定期向相关干系人汇报变更进度和结果。

（9）范围变更计划完成后，总结变更带来的影响同时吸取教训。

总之，在范围变更控制的过程中，项目经理要为范围变更制订一个完善的控制计划，同时规范变更控制的流程。此外，范围的变更控制是一项实践活动，项目经理需要在实践中不断摸索、创新，寻找更符合项目需要的方法。

10.2.4　如何应对频繁的需求变更

某公司的周经理接手了一个软件开发项目，在谈合作的阶段，该项目的客户提出了其对于产品效果的要求，并要求三个月内完成，对产品设计的细节没有提出任何要求。周经理及其团队按照客户的要求，结合实际，经过逐步地分析、研发与测试，在一个月之后提交了产品的初级版本。随后，客户不断地对产品的功能和性能提出修改建议。为了满足客户需求，周经理及其团队也在不断地对产品进行调整。

随着产品的不断调整，产品的小漏洞和开发之初没有考虑到的细节问题也不断出现，而产品交付的日期逐渐迫近。最终，在产品交付时，产品的漏洞还没有被完全修复完成，而这也导致了后续产品不停地更改与修复。

上述案例就显示了项目管理中一个常见的问题：客户总是反复修改需求。如果项目经理不能有效解决客户的需求问题，项目计划就会一再调整，产品交付日期也会一再拖延，这会极大地影响客户的满意度和员工工作的士气。那么，项目经理应如何应对这一问题？

1. 在项目分析阶段明确客户需求

在项目的需求分析阶段，项目经理需要对大量的需求信息进行收集、筛选和分析。客户和项目团队的人员对需求的理解在整体上存在共识，但是在细节上却存在诸多差异。由于此时客户对于产品的需求、意见等都只依据其对产品的构思而产生，因此，其对产品需求的描述是不够清晰的。

在这个阶段，原型开发是一个较好的辅助手段，产品原型能够清晰地表明产品的功能，表明项目团队对客户需求的理解。在此基础上与客户进行沟通时，客户能够更清晰地表明其需求。

2.建立严格的需求变更管理流程

在产品的研发阶段，当客户提出新的产品需求时，项目经理不能随意同意，因为客户提出的新需求可能会与当下研发的产品功能产生冲突，或者会加大项目团队的工作量、延误产品交付日期等。

因此，建立严格的需求变更流程是十分关键的，这个流程需要在项目成立之初就与客户约定好。在需求分析阶段结束后，如果客户提出了新的产品需求，就需要经过需求变更管理流程的审核。这大大降低客户提出需求变更的频次，使产品研发更顺利地完成。

在项目执行的过程中，需求变更难以避免，项目经理需要为此建立严格的变更管理流程，在与客户签订合同时就将这一流程写入到合同中，这能够有效控制需求变更的次数，同时在发生必要的需求变更时，严格的流程也能够保证需求变更的顺利完成。

第 11 章
项目收尾：交付与总结

　　项目收尾阶段包括项目管理收尾、项目验收、项目交付等工作，项目经理需要对项目完成的状态进行摸底盘查，明确还有哪些工作没有完成，安排项目成员开展项目收尾工作，同时对项目可交付成果进行验收，并与客户进行交接，完成项目交付。此外，在项目交付完成之后，项目经理还需要总结项目执行过程中的经验和教训，为之后的项目开展提供依据。

11.1　项目收尾工作要点

项目收尾工作包括与项目相关的方方面面的内容，要想做好项目收尾工作，必须对项目收尾工作作出合理的规划。同时，对于一些周期较长、规模较大的项目而言，项目经理可以提前安排收尾工作，对项目进行全面的摸底盘查，以免出现疏漏。

11.1.1　开展项目收尾摸底工作

对于一些工程项目而言，项目分项验收内容众多，涉及消防、配电、供水、环保、绿化等许多方面，验收的流程也较为复杂，项目经理可在项目竣工前 3~4 个月进入收尾阶段。这除了有利于项目验收外，在项目收尾阶段预留出足够的时间也有利于对项目进行摸底盘查。

在项目收尾阶段，项目经理要对项目完成的状态进行全面的摸底盘查。检查有哪些工作还没有完成，有哪些工作出现了问题需要调整等。项目收尾摸底应包括以下内容。

（1）了解工程分项的完成情况，按班组进行分类归纳。

（2）了解已完成的分项工程的成品保护状态。

（3）分析项目分项没有完成的原因，是否材料不足？是否专业员工缺乏、劳动力不足？是否特种设备不足？同时制定相应的解决方案。

（4）不要忽视项目细节，检查项目中的小项目是否已经完成。

（5）重视现场清理，在完成现场清理后也要维持现场的整洁状态。

在这一阶段，项目经理可以通过分项验收、联合验收等推进收尾工作，可以提前对已经完成的项目分项进行验收，也可以联合客户方及第三方检查机构对项目进行验收。在验收后，项目经理要把没有完成的项目内容和验收发现的问题罗列出来，根据项目完成时间合理地安排项目成员的工作并制定问题的解决措施。

11.1.2　收集整理项目信息资料

在项目收尾阶段，一些项目经理会将注意力集中于项目可交付成果的验收和交付上，而忽视对项目信息资料的整理，这无疑是一种疏漏。项目历史信息是项目经理进行项目管理的重要参考资料，同时不同的公司也会对项目存档进行一定的要求。因此，在项目收尾阶段，项目经理需要对项目相关信息资料进行全面的收集整理。

项目信息资料是在项目开展过程中形成的各种形式的信息记录，包括项目执行文件、监管记录、变更信息、检查报告和可交付成果报告等，具体包括以下几个方面。

1. 外来文件

与政府各主管部门的往来函件，如文件、通知、信函等。

2. 内部文件

内部文件具体包括以下七个方面。

（1）项目会议记录。其包括项目可行性研究报告、项目计价大纲、实施细则、会议周报和月报等。

（2）项目变更记录：其包括变更申请表、变更审核表、变更实施计划及新的设计图纸等。

（3）项目进度记录：其包括开工指令、项目各阶段进度计划报审表等。

（4）项目监管记录：其包括监管计划实施大纲、监管周报和月报、产品或工程质量评估报告等。

（5）各阶段检测和验收资料，产品质量检测报告、工程项目验收报告等。

（6）各种合同：其包括与客户签订的项目合同、合同变更协议、专业分包合同等。

（7）项目资源控制文件：其包括人力资源、资金、材料、设备等的分配或使用记录。

项目经理应对以上信息资料进行收集整理，并在这一过程中检查资料的真实性、完整性和有效性，要将关联资料进行核对并检查资料是否缺损或毁坏、是否手续齐全具备效力。对项目资料进行收集整理，使之系统化和条理化，能够为项目经理之后进行项目工作总结提供帮助。

11.2　项目交付工作

交付是工作结果向下游的传递与交割，即将项目可交付成果交付给客户。交付是一系列活动的组合，项目经理完成项目可交付成果的交付后，客户会对其进行评审验收并给予项目经理反馈，当客户对项目可交付成果进行成功验收并给予良好反馈时，项目交付才是成功的。为确保项目交付成功，项目经理需要制订完善的项目交付计划，保证项目交付的及时性、准确性和安全性。在项目交付工作完成后，项目经理需要完成项目财务结算工作。

11.2.1　制订交付计划

项目交付过程可能会存在诸多问题，如缺乏可交付成果的评审标准、交付方式不被客户接受、可交付成果不完整、缺乏对可交付成果有效性的延伸性维护等。为顺利实现交付，项目经理需要制订合理的交付计划，把握好项目交付的形式和过程。

项目经理需要事先确定好项目交付清单、交付时间和对象、进行交付评审并明确可交付成果有效性的维护等。

1. 确定交付清单

交付清单是由交付内容与交付性质决定的，以软件项目为例，其交付清单一般包括以下内容。

（1）项目技术文件：其包括设计方案、参数、操作指南等。

（2）项目规制文件：其包括流程与制度。

（3）项目附件：其包括图片、样品、视频、录音等。

（4）项目辅助文件：其包括培训课件、培训记录、后续服务承诺等。

（5）项目工具文件：其包括清单、模板、签收单等。

（6）项目实施计划：其包括实施文件、实施过程管理与结果反馈文件。

2. 确定交付时间和对象

项目经理需要与客户进行沟通协商，确定交付的时间和对象。

3. 交付评审

在项目正式交付前，项目经理需要预留出一定的时间对项目进行评审并对评审中出现的问题进行调整。召集项目干系人与相关专家召开项目评审会议是进行项目评审的有效手段。在项目评审会上，项目经理需要对项目可交付成果进行讲解，让项目评审者了解可交付成果的全貌及关键的功能和特点。项目经理需要讲解以下内容。

（1）项目可交付成果。

（2）项目可交付成果解决的问题及其解决方法。

（3）项目可交付成果主要功能介绍。

（4）项目可交付成果的维护及升级计划。

评审会的目的是让评审者对项目可交付成果提出修订意见，在项目可交付成果根据修订意见完成修订并检查无误后，即可进行交付。

4. 可交付成果有效性维护与升级

可交付成果的有效性是有条件的，可能会随着环境、关联产品、人员的变化而减弱甚至失效。同时，项目可交付成果在实施的过程中可能会遇到意想不到的问题，导致项目可交付成果难以推行或推行效果不佳。因此，项目经理有必要设计适当的机制，对可交付成果进行定期维护或升级，保持可交付成果的有效性。

11.2.2　项目验收与交付程序

项目的验收及交付需按照一定的程序进行，主要包括以下程序。

1. 制订《验收交付计划》

项目经理可在项目的策划阶段组织编写《验收交付计划》，并在项目交付前不断完善，在项目交付阶段最终形成，与《验收交付申请书》一起提交给上级。

2. 验收交付的申请和确认

项目经理指定并向上级提交《验收交付申请书》，其中应包括以下内容。

（1）项目说明。

（2）验收交付时间。

（3）验收交付地点。

（4）验收交付内容。

（5）验收交付方式。

（6）参加人员。

《验收交付申请书》得到上级批准后，项目经理才可进行下一步的工作。

3. 验收测试

项目可交付成果在交付给客户前需进行验收测试，验收测试的内容包括可交付成果开发过程中的质量记录、可交付成果的功能测试等。如可交付成果通过验收，即可进行产品交付。如有部分功能未通过验收测试，则需要对其进行调整，待其达到验收标准后，再进行交付。

4. 产品交付

产品交付的过程依据《验收交付申请书》执行。

5. 项目交付的结束

按《验收交付申请书》将可交付成果交付给客户后，项目交付工作结束。之后，项目经理需要把项目相关文档移交给维护人员，并对其进行技术培训，项目进入维护阶段。

11.2.3　项目验收方案

在进行项目交付前必须进行项目验收，在项目验收阶段，项目经理需要制定好项目验收方案，明确验收的目的、对象、方法和步骤等。以下为某项目的验收方案。

1. 验收目的

验收是项目从执行到后期维护的一个过渡阶段，验收通过后项目执行正式结束，项目进入后期维护阶段。验收是项目的一个里程碑，说明项目完成了执行这一过程，进入了下一个阶段。

2. 验收对象

××科技有限公司。

3. 验收前提条件

（1）从各方反馈和产品稳定性方面来看，产品的运行已步入正轨，同时也能够响应既定的需求。

（2）需要项目相关负责人签字。

（3）能够满足合同规定的其他验收条件。

4. 验收方法

测试产品运行状况，检验其实际性能与功能是否符合合同要求。

5. 验收步骤

（1）编写验收计划。

（2）成立项目验收小组实施验收工作。

（3）项目验收。按照验收方案对产品进行全面的测试和验收。

（4）提交验收报告。验收完毕后，对产品做出客观、全面的评价，对遗留问题提出具体的解决建议。

（5）召开验收评审会。对项目验收小组提交的验收报告进行审核，给出验收意见，形成验收评审报告并存档。

6. 验收流程

验收包括初验和终验。

其中初验包括以下三步。

（1）申请。产品测试和试运行合格后，项目经理根据合同、项目计划书，总结项目完成情况后向公司提出初验申请。

（2）方式。公司成立项目验收小组进行初验。

（3）项目经理需提供的材料。其包括初验申请书、项目完工报告及验收评审资料。

终验包含以下三步。

（1）申请。初验合格后，项目经理根据合同、项目计划书，总结项目实施和完成情况后向客户提出验收申请。

（2）验收。验收工作由业内专家、客户和项目经理及项目主要负责人等一起组成验收小组进行验收并提交验收报告。

（3）验收签字。验收通过后，需要让客户在验收报告和评审报告中签字，完成验收。

7. 验收依据

本项目签订的合同及其附件。

8. 验收需提交的文档

项目经理需要提供整个产品交付过程中产生的所有文档，包括产品验收标准、技术说明、使用说明书、安装、维修及操作手册及合同中要求的其他文件资料。

9. 验收结论

验收结果有验收合格、需要复议和验收不合格三种。符合要求、产品运行稳定、任务按时保质完成、成本合理的项目，视为验收合格的项目；由于提供的产品不详细导致难以判断，或验收结论争议较大的项目则需要复议。

凡具有下列情况之一的，为验收不合格的项目。

（1）未按照合同要求达到预定的主要技术指标。

（2）所提供的验收材料不齐全或不真实。

（3）项目的内容、目标已进行了大范围调整，但未曾得到相关部门认可。

（4）项目执行过程中出现尚未解决的重大问题。

（5）没有对产品进行检测或检测不合格。

（6）项目经费使用审计发现问题。

（7）违反法律、法规的其他行为。

若验收结论为合格，则可进行项目交付；如需补充问题，则在补充问题解决后再进行项目交付；若验收结论为需要复议，则项目经理需在一周内补充有关材料或进行相关说明；若项目验收不合格，则项目经理必须进行限期整改，整改并测试合格后，重新申请验收。

11.2.4 项目交付实战

交付能力、交付标准、可交付成果是项目交付的三大要素，决定了项目交付的效果。项目经理要想顺利完成项目交付，就需要做好以下三个方面，如图 11-1 所示。

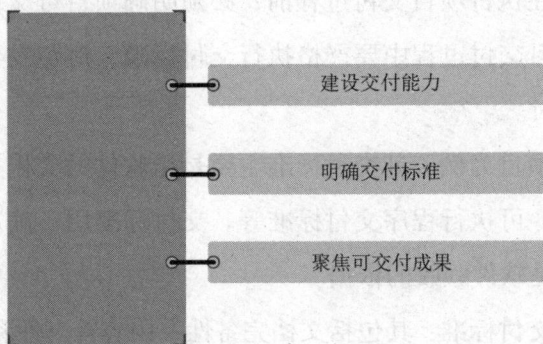

图11-1 如何顺利完成项目交付

1. 建设交付能力

交付能力是集设计、技术、服务于一体的综合能力，交付能力的强弱决定了项目交付是否成功。项目交付能力的建设是需要不断优化、持续提升的。例如，某个项目团队发现项目的需求变更、发布管理能力较弱，于是从这两方面入手，通过使用交付知识，借助交付工具和方法，完善了自身的协作能力和服务能力。在后续项目执行过程中，项目团队又发现自身的功能设计、客户端开发能力较弱，随后对设计能力和技术能力进行了提升。在持续优化的过程中，该团队的交付能力得到了合理建设，通过聚集这些能力，形成了综合的项目交付能力。

因此，从某种程度上说，项目团队的成长过程就是建设交付能力的过程，项目交付能力是项目交付成功的基础。

2. 明确交付标准

项目经理在执行项目交付过程前，必须明确项目可交付成果及其交付标准。在项目交付过程中要严格执行交付标准，避免发生偏差，影响正常的项目交付。

以某软件项目为例，其交付标准主要是指软件的文档交付标准、源代码交付标准、可执行程序交付标准等。交付标准用于确定软件是否符合预期要求，是软件验收的依据。

（1）文档交付标准：其包括文档完备性、内容针对性和内容一致性。文档完备性，即交付的文档是否涵盖软件需求说明、设计、研发、测试、验收全流程中的所有文档；内容针对性，即文档内容是否与软件功能要求相吻合；内容一致性，即不同文档中是否存在前后矛盾的内容。

（2）源代码交付标准：要求版权明晰，即交付的代码没有版权问题；代码完整，即所有代码能正常编译、运行，不需要安装额外的控件或插件；配置规范，即源代码的配置项、配置参数与既定的配置文件相符。

（3）可执行程序交付标准：可执行程序交付标准是通过软件测试明确可执行程序是否满足需求的交付标准。为了完成检验，需要对软件测试的流程和方案提出要求。

3. 聚焦可交付成果

合格的可交付成果是项目交付的最终目标，项目可交付成果是指项目交付物，一般通过项目交付物清单列出。项目交付物是对项目全生命周期进行管理的可交付成果，包括过程可交付成果和验收可交付成果。

过程可交付成果通常以文档的形式进行交付，包括以下内容。

（1）需求过程，如客户需求说明书、产品规格说明书等。

（2）设计过程，如总体设计说明书、数据库设计说明书、后台设计说明书、接口设计说明书、前端设计说明书等。

（3）开发过程，如开发进度报告、项目开发总结报告、开发功能说明书等。

（4）测试过程，如测试计划、测试分析报告、验收测试报告等。

（5）发布过程，如版本发布功能说明书、操作手册等。

（6）部署过程，如系统安装部署手册、数据库集成部署方案等。

软件项目在验收时，除了提供过程可交付结果外，还需要根据合同提供可执行程序的应用版本，以及软件交付验收报告，即验收可交付成果。其主要包括以下几个部分。

（1）项目基本情况。

（2）项目进度审核，如实施进度、变更情况、结算情况等。

（3）项目验收计划，包括验收原则、验收方式、验收内容等。

（4）项目验收情况汇总，包括验收情况汇总表、验收附件等。

（5）项目验收结论，包括项目团队验收结论、客户验收结论等。

（6）附件，包括软件平台验收、功能模块验收、文档验收等。

项目交付是项目管理的核心，项目经理需要建设交付能力、明确交付标准、聚焦可交付成果，这是其一切工作的出发点。

11.2.5　项目结算工作处理

在完成项目交付后，项目经理接下来要做的就是进行项目财务结算工作。以工程项目为例，项目经理应在工程竣工验收完成后规定时间内向客户提出竣工结算申请，并跟踪项目竣工结算工作，办理好竣工结算确认手续。

如何顺利完成项目财务结算工作？项目经理需要做好以下几个方面。

（1）建立健全项目结算送审资料完整性、有效性审查制度，加强项目结算把关，避免项目结算失真。项目结算送审资料必须符合法律规定、工程造价管理的有关规定以及结算管理的有关规定。例如，工程现场签证单是否注明了原因、时间，手续是否完整；竣工图绘制是否符合要求，是否加盖竣工图章；验收签证手续是否齐全等。

（2）规范工程变更管理流程，做好工程变更的审核。工程变更主要包括工程量变更、项目变更、进度变更、施工条件变更等。

（3）以工程总承包合同为依据，严格按照合同进行结算审核。

工程竣工结算的资料如下。

（1）竣工图、材料证明、检测记录、工程竣工验收报告等竣工资料。

（2）签字、盖章完善的决算资料，如合同文件及补充合同文件、工程变更单、现场签证单等。

在进行项目结算时，项目经理需要保证结算资料的完整性、准确性，同时在结算过程中产生问题时，应按合同及相关法律的规定解决问题。

在完成项目结算后，项目经理还需要对项目的财务情况进行分析。项目经理需要分析项目实际成本、项目收款状况等，并与其他项目进行对比分析，明确项目财务方面的缺陷和不足，总结项目成本控制经验，同时形成报告。财务报告应包括以下内容。

（1）项目成本与收入状况。

（2）实际成本投入与项目预算的偏差情况。

（3）解释与建议：解释发生成本偏差的原因，并为今后的项目成本控制提出建议。

（4）分析项目利润额：分析项目利润额是否达到预期。

项目结算工作是项目收尾阶段的重要工作，项目经理需要整理并审核有关项目结算的全部资料，保证资料的真实性和完整性，避免因材料丢失造成财务损失，同时对项目财务情况进行总结与分析，思考降低项目成本、提高项目收益的可能性。

11.3 项目总结工作

在项目完成后进行项目总结是十分有必要的，通过项目总结，项目经理能够判断项目的结果与预期是否一致，以便调整自己今后工作的方法，在总结、吸取项目经验教训的过程中，项目经理的工作能力也会得到提高。项目总结工作涉及多方面的内容，项目经理需要总结客户反馈意见、进行工作质量评估、总结项目经验与教训并提出改进建议、进行项目成员绩效评定等，最终还要形成完整的项目总结报告。

11.3.1 客户反馈意见

客户反馈意见能够反映出项目的缺陷和客户的真实需求，因此项目经理有必要对客户反馈意见进行总结。根据客户反馈意见，项目经理能够有针对性地优化项目执行过程和项目可交付成果，为未来其他同类项目的实施提供依据和方法。

在项目执行过程中，项目经理会时常与客户沟通项目进度及工作情况，在此过程中，客户也可能会提出反馈意见，而项目经理也会根据反馈意见调整工作并提交客户反馈问题的改善报告。在项目总结阶段，这些项目执行过程中的客户反馈意见及对应的问题改善报告都是项目经理进行客户反馈意见总结的重要资料。

同时，在项目完工后，项目经理还可以请客户填写一份客户反馈表，以便了解客户对于项目的评价和建议。以工程项目为例，其客户反馈如表 11-1 所示。

表11-1 工程项目客户反馈

工程项目名称							
客户单位名称							
通信地址							
调查时间			电话				
项目	调查内容	很满意	满意	一般	不满意	很不满意	其他意见或建议
进度控制	计划的及时性、准确性						
	落实进度计划的措施、力度						
质量控制	施工准备是否充分						
	事中控制是否到位						
	事后出现问题是否有效解决						
	分项工程质量						
安全环境	安全消防措施配置情况						
	安全检查及时性						
项目经理	管理能力评价						
	工作责任心						
	现场协调配合						
工程服务	技术支持评价						
	专业支持评价						
	服务态度评价						
工作实效	解决问题的方法及效果						
	回复相应客户的实效、执行程度						

客户对项目整体情况的满意度
□很满意 □满意 □一般 □不满意 □很不满意

客户签字：

项目经理需要对项目执行过程中全部的客户反馈信息进行整理和总结，通过总结客户反馈意见，项目经理能够了解项目执行过程中客户关系管理是否得当，是否存在与客户沟通不及时、客户反馈意见未得到充分重视等问题，以便总结教训，在今后的工作中避免此类问题的发生。同时，通过对客户需求进行总结和分析，项目经理还可能会发现客户的新需求，从而进一步开拓市场。

11.3.2　成功经验与改进建议

在项目完成后，项目经理需要召集项目成员召开项目总结会议，与项目成员一起进行项目回顾，总结项目成功的经验和失败的教训并提出改进建议。在召开项目总结会议时，项目经理需要做好以下几个方面。

1. 做好会议准备

在召开总结会议前，项目经理可以给每名项目成员发放一份调查问卷，引导其对整个项目过程进行思考，同时在"哪些方面做得好？哪些方面需要改进？"等方面征求项目成员的意见。提前收集并整理意见和建议有利于明确会议重点，合理安排会议内容。此外，项目经理要收集各种项目文件和追溯性指标，以便为会议分析提供依据。

除了收集各种信息、资料外，项目经理还需要安排好会议流程。

（1）对整个项目经过进行回顾，明确项目中顺利完成的工作并总结经验。

（2）明确项目中出现问题的工作以及存在的风险等。

（3）针对项目中需要改进的地方依次进行讨论，并对不同的改进意见进行记录、讨论，从中确定出最合适的改进方案。

（4）对项目进行整体评价，征求每个人对项目的看法。

2. 做好会中控制

在项目总结会议进行过程中，项目经理需要按照制定好的会议流程主持会议，一旦发现项目成员讨论内容偏离主题或者在某一问题的讨论中用时过多时，就需要及时进行会中控制。同时，项目经理需要对项目成员讨论的问题及解决方案以及其对项目的看法进行记录，以便进行项目总结。

3. 做好会后总结

在项目总结会议完成之后，项目经理需要根据会议记录完成项目经验教训总结报告，总结好项目在技术、管理、设计等方面的经验及存在的问题，并写好改进建议。

在总结项目的成功经验并提出改进建议时，项目经理必须倾听项目成员的意见，只有这样才能够了解项目的各种细节，发现项目的更多缺陷并得到更有针对性的改进建议。同时，在项目成员讨论的过程中，项目经理还能够分析其需求，在项目成员的管理方面进行思考并提出改进方案。

11.3.3　项目绩效自评报告

项目绩效自评报告也是项目总结工作的重要内容，在项目结束后，项目经理需要分析项目绩效情况，完成项目绩效自评报告。该报告主要包括以下几方面的内容。

1. 项目概况

项目经理需要介绍项目基本情况，重点说明以下内容。

（1）项目资金申报、批复情况。对项目资金申报、批复情况进行说明，如涉及预算调整，则说明预算调整相关情况，评价项目资金申报、批复情况是否符合公司相关规定。

（2）项目绩效目标。说明项目内容，计划实现的绩效目标以及项目实施进度计划等。

（3）项目资金申报相符性。说明项目资金申报内容是否与实施内容相符、申报目标是否合理等。

2. 项目实施及管理情况

（1）资金计划、到位及使用情况。说明项目各类资金计划及实际到位情况，将资金到位情况与资金计划进行比对，分析资金到位率、到位及时性等。如有资金未到位或到位不及时等情况需说明原因；说明项目资金的实际支出情况，资金支出范围、标准，支付依据是否合规，资金支付是否与预算相符等，并对相关问题进行说明。

（2）项目财务管理情况。说明项目财务管理制度建设、财务核算及账务处理等相关情况，评价在项目执行过程中是否严格执行财务管理制度、财务处理是否及时、财务核算是否规范等。

（3）项目组织实施情况。说明项目组织管理架构及实施流程，包括机构设置监管措施、执行相关管理制度情况。

3. 目标完成情况

这主要分为任务量完成情况、质量完成情况和进度完成情况。

（1）目标任务量完成情况。对照项目计划目标，对任务量完成情况进行比较，如未完成目标任务，则需说明原因。

（2）目标质量完成情况。对照项目计划目标，说明项目实际完成质量，如未达到质量目标，则需说明原因。

（3）目标进度完成情况。 对照预定进度计划，说明项目实际完成进度，如未按期完成，则需说明原因。

4. 项目效益情况

根据项目结果分析项目效益情况，说明项目实施产生的效果，如项目产生的经济效益、社会效益等。

5. 问题及建议

根据以上项目绩效分析指出项目存在的问题并提出项目改进的建议。

11.3.4　项目总结报告

一个完善的项目总结报告主要包括三方面内容，分别为项目信息、项目背景与要求和项目总结。

1. 项目信息

项目信息是指关于项目名称、客户名称、项目经理等方面的基本信息，如表 11-2 所示。

表11-2　项目基本信息

项目名称		客户名称	
项目发起人		项目经理	
报告起草人		项目历时	

2. 项目背景与要求

补充项目背景、目标、项目方案等方面的信息。

3. 项目总结

从完成项目的进度、成本、质量、团队管理、客户关系等方面进行评价。项目总结如表 11-3 所示。

表11-3　项目总结

一、完成了项目的哪些交付成果	
二、是否有没有完成的工作? 原因是什么	
三、对项目的总体评价	
四、进度方面评价	
项目实际进展情况与计划进度是否相符	
哪些方面的工作预计的完工时间过多或过少	
在进度上发生了哪些变化	
使用了哪些方法进行进度控制	
五、成本方面评价	
项目实际成本与计划预算是否相符	
哪些方面的工作本应加大资金投入	
怎样才能将预算计划得更加准确	
六、质量方面评价	

续表

项目质量是否符合客户要求	
在质量方面产生了哪些问题？是如何处理的	
客户对项目质量的要求是否发生了改变？发生了哪些改变	
以后如何更好地理解客户的质量要求	
七、人员管理与团队建设方面评价	
项目成员是否理解自己的角色	
是否存在员工工作分配过重或过轻的情况	
项目成员之间的协作情况如何	
运用的激励及监督方式是否有效	
项目成员在哪些方面得到了锻炼与成长	
八、沟通交流方面评价	
项目成员对项目目标及客户要求是否有充分的了解	
项目成员是否能够及时反映工作中遇到的问题	
有没有项目干系人在沟通中被忽略	
今后在项目的交流沟通方面可以进行哪些改进	
九、技术与方法评价	
该项目使用了哪些新技术	
新技术发挥了怎样的作用	
哪些工作环节需要进行技术方面的改进	
十、客户关系评价	
采用了哪些客户关系管理的方法	
客户的反馈是如何被管理的	
采取了哪些增强客户满意度的措施	
十一、经验教训	
该项目有哪些成功的经验	
该项目有哪些失败的教训	

附录 1
某公司项目变更控制制度

一、目的

为了规范项目变更管理，消除或减少由于变更而引起的潜在事故隐患，特制定此制度。

二、范围

变更管理包括对人员、管理、工艺、技术、设施等永久性或暂时性的变化进行有计划的控制。

三、职责

由产生变更项目的项目经理提出变更申请及进行变更后的风险分析，公司安全生产领导小组审批验收。

四、变更管理要求

（一）要明确变更的内容。

（二）要按规定的程序来完成有关变更的手续，如应先提出申请，履行审批及验收程序，同时对变更过程及变更所产生的风险进行分析评价等。

（三）要根据评价结果，制定相应的控制措施。

（四）应将变更后的内容及相关控制措施及时传达给相关人员，并对操作人员及相关人员进行培训。

五、变更的类型

1. 工艺、技术变更包括以下几个方面。

（1）原材料介质的变更。

（2）作业现场改建项目引起的技术变更。

（3）工艺流程及操作条件的变更。

（4）工艺设备的改进和变更。

（5）操作规程的变更。

（6）工艺参数的变更。

（7）公用工程的水、电、气、风的变更等。

2. 设备设施的变更包括以下几个方面。

（1）设备设施的更新改造。

（2）安全设施的变更。

（3）更换与原设备不同的设备或配件。

（4）设备材料代用变更。

（5）临时的电气设备等。

3. 管理变更主要包括以下几个方面。

（1）法律、法规和标准的变更。

（2）人员的变更。

（3）管理机构的较大变更。

（4）管理职责的变更。

（5）安全标准化管理的变更等。

六、变更的程序要求

（一）变更申请

各项目需实施变更时，由项目经理填写统一的《变更申请表》。

（二）变更风险分析

申请变更单位在提出变更申请的同时，要对变更过程及变更所产生的风险进行分析，制定必要的控制措施；对需要修改操作规程的变更，需详细记录、说明。

（三）变更审批

《变更申请表》填好后，先报项目部门经理批准，再报公司安全生产领导小组组长批准，重大变更还需报总经理批准。

（四）变更实施

变更批准后，由项目经理负责变更的实施。任何临时性的变更，未经审查和批准，不得超过原批准的范围和期限。

（五）变更验收

变更实施结束后，项目部与公司安全生产领导小组一起对变更情况进行验收，确保变更达到预期要求。项目经理应及时将变更结果通知相关部门和人员。

附录2
某公司项目风险管理要则

第一条　为控制项目风险，降低项目经营成本，提高项目的效益，特制定本要则。

第二条　本要则所指项目风险是所有影响项目目标实现的不确定因素的集合。

（一）风险管理是识别和评估风险，建立、选择、管理和解决风险的可选方案的组织方法。

（二）项目经理是风险管理的主体。

（三）风险管理应注意选择最佳风险管理技术的组合。

第三条　项目全体成员必须树立正确的风险认识观。

（一）风险可能造成的危害

（1）未实现营销目标，导致客户抱怨，公司声誉或形象受到损害，市场份额丢失。

（2）法律索赔。

（3）负债。

（4）导致人力和财力资源的浪费。

（5）危及健康和安全。

（6）使用和运输中出现问题。

（7）客户的信任丧失。

（二）风险可能带来的机遇

（1）风险与利润同在，风险越大，利润越大。

（2）风险可以激励人发挥能动性。

（3）在险象环生的背后其实有规律可循。

（4）风险与安全具有辩证的统一性。

第四条　目标

风险管理的目标有损失发生之前和损失发生之后两种。

（一）损前目标

（1）经济目标。项目经理应以最经济的方法预防潜在的损失。这要求对安全计划、保险以及防损技术的费用进行财务分析。

（2）减轻项目团队对潜在损失的恐惧和忧虑。

（3）履行外界赋予企业的责任。

（二）损后目标

（1）企业生存。在损失发生之后，企业至少要在一段合理的时间内能部分恢复生产或经营。

（2）保持企业经营的连续性。

（3）收入稳定。保持企业经营的连续性便能实现收入稳定的目标，从而使企业保持持续增长。

（4）社会责任。尽可能减轻企业受损对他人和整个社会的不利影响，因为企业遭受一次严重的损失会影响到员工、客户、供货人、债权人、税务部门甚至整个社会的利益。

第五条　风险管理的原则

（一）全面周到原则

项目面临的风险多种多样，对不同风险的处置要实现不同的目标，往往需要采用多种措施，每一种措施都有各自的适用范围和局限性。项目管理者要对所有可供选用的对策仔细分析、权衡比较，在全面周到的基础上寻找对策的最佳组合。

（二）符合企业发展总目标的原则

企业发展总目标是一切项目活动的出发点和归宿。项目管理者制定的风险管理目标必须符合项目总目标的要求。

（三）量力而行的原则

在进行一定的投入（即选择某一风险机会）时必须充分考虑企业的能力。

（1）财务状况。

（2）承担风险的能力。

（3）选择某一风险机会时可能出现的最坏结果。

（四）成本效益比较的原则

在项目决策过程中，要以成本与效益相比较这一原则作为权衡决策方案的依据。在实际操作中，比较可行的办法是在获取同样安全保障的前提下选择成本最小的决策方案。

（五）注重运用商业保险的原则

项目管理者制定风险管理的损后目标，尤其是处置那些估测不准、发生概率小但损失程度大的风险，应运用商业保险来规避风险。

第六条　风险管理基本程序

（一）风险识别

风险识别是风险管理的基础，是指对企业所面临的及潜在的风险加以判断、归类和鉴定性质的过程。

（二）风险衡量

风险衡量是通过对这些资料和数据的处理，得到关于损失发生概率及其程度的有关信息，为选择风险处理方法，进行正确的风险管理决策提供依据。

（三）风险处理

风险处理是针对经过风险识别和风险衡量之后的风险问题决定采取行动或不采取行动。

（四）风险管理效果评价

风险管理效果评价是对风险管理技术适用性及其收益情况的分析、检查、修正与评估，使选择的风险管理技术适应变化了的情况需要，从而保证管理技术的最优使用。

第七条　项目管理办公室职责

（一）衡量项目进展状况的标准。

（二）监视项目实际进展所需的信息。

（三）必要时采取调整和纠正行动的权限。

（四）从各种备用措施中选取最优者加以实施的能力。

第八条　本制度自颁布之日起施行

附录3
项目管理相关表格模板汇总

项目描述表

项目名称			项目编号		
客户			项目优先级		
产品			项目经理		
项目成员	职责	公司	协助小组成员	职责	公司

项目关键节点

项目关键节点	日期	备注

续表

延迟交付的影响：

干系人分析	
名称或角色	主要责任与贡献

项目范围描述：

质量、时间、成本要求：

费用		
描述	单价	总价
材料一		
材料二		
材料三		

项目的假设和条件：

项目完成的环境：

项目经理签字：	日期：
审核：	日期：

客户意见反馈表

客户基本情况			
客户名称		联系电话	
产品及工作服务评定			

产品名称

序号	项目（请在相应的下面画✓）	满意	较满意	一般	不满意	极差	备注
1	产品外观符合贵司要求的程度						
2	产品功能符合贵司要求的程度						
3	产品寿命符合贵司要求的程度						
4	产品包装符合贵司要求的程度						
5	生产周期符合贵司要求的程度						
6	产品价格符合贵司要求的程度						
7	交付数量符合贵司要求的程度						
8	交付及时性符合贵司要求的程度						
9	异常处理符合贵司要求的程度						
10	服务质量符合贵司要求的程度						

综合评价：

需求描述与改进建议：

客户签字 / 盖章		日期	

项目组成员表

项目基本情况						
项目名称		项目编号				
制作人		审核人				
项目经理		制作日期				

项目组成员						
成员姓名	项目角色	所在部门	职责	项目起止日期	投入频度及工作量	联系电话
	项目赞助人					
	项目经理					
	项目核心成员					
	项目核心成员					
	项目核心成员					
	项目核心成员					
	项目核心成员					
	项目非核心成员					
	项目非核心成员					
	项目非核心成员					
	项目非核心成员					
	项目其他人员					
	项目其他人员					

签字		日期	
项目赞助人			
项目经理			

WBS表

编号	里程碑/项目阶段	任务名称	说明	可交付成果	（计划）开始时间	（计划）完成时间	负责人	状态
1								
2								
3								
4								
5								
6								
7								

项目进度计划表

文档编号		制表人		制表日期	
项目名称				项目经理	
工作内容	负责人	计划开始时间	计划结束时间	计划工期	备注

项目风险管理表

项目基本情况				
项目名称		项目编号		
制作人		审核人		
项目经理		制作日期		

项目风险管理

风险发生概率的判断准则

高风险：>60% 发生风险的可能性　　中风险：30%~60% 发生风险的可能性
低风险：<30% 发生风险的可能性

序号	风险描述	发生概率	影响程度	风险等级	风险响应计划	责任人	开放/关闭
1							
2							
3							
4							
5							

项目沟通计划表

沟通时间	沟通内容	沟通目的	沟通渠道	文档	沟通对象
	项目启动会议	标志项目启动，动员相关人员进入角色	会议	《会议纪要》《项目规章制度》	会议：对方重要领导、项目组主要成员和项目相关业务人员
每周一上午	周工作总结及计划；存在的问题及处理办法	使项目组内部了解项目进展，统一思想；各小组成员对项目的想法	周例会、邮件	《会议纪要》《项目周报》	例会：项目小组成员；文档：与会人员，抄送领导小组、项目信息员、公司领导
里程碑日	项目阶段性总结	汇报阶段性工作	会议邮件	《阶段性总结报告》	例会：项目组主要成员，领导小组成员；文档：与会人员，抄送领导小组、公司领导
产生软件问题时	软件问题	及时将问题通知公司开发经理、项目经理；实施问题存档	邮件	《问题反馈单》	相关开发人员、开发经理、项目经理
每项任务开始前	任务分配及控制	项目经理将任务下发给执行人，并跟踪执行	邮件	《任务单》	任务执行人、项目经理
每项任务结束	任务完成质量	跟踪任务的完成质量，便于保证质量和考核	电话/邮件/谈话		项目经理、实施经理、开发经理、任务的受益人（主要是客户）
不定期	项目组交流	了解项目组成员对项目的想法和建议	谈话		谈话：项目组成员
项目发生重要事件	交流会	解决争端、统一思想	专题会议	《备忘录》或《会议纪要》	与会人员、管理小组、公司领导

项目会议纪要表

项目名称				
会议类型		项目编号		
时间		地点		
会议主持		会议记录		
参会人员	姓名	职务		单位

会议纪要

提出的问题（需求）

问题编号	问题内容	提出方
Q01		
Q02		
Q03		
建议编号	建议内容	提出方
J01		
J02		
J03		

结论和措施（根据上述问题和建议所采取的措施）

任务编号	解决措施	计划完成时间	责任主体
R01			
R02			
R03			

参会人员签字：

项目状态报告表

项目基本情况					
项目名称			项目编号		
制作人			审核人		
项目经理			制作日期		
当前项目状况	□按计划进行		□比计划提前		□落后计划
汇报周期					

当前任务状态（简要描述任务进展情况）

关键任务	状态指示	状态描述

本周期内的主要活动（对本周期内的主要交付物进行总结）

下一个汇报周期内的活动计划（描述活动需要与项目计划和 WBS 相对应）

财务状况

上期遗留问题的处理（说明上一个汇报周期内问题的处理意见和处理结果）

本期问题与求助（说明本次汇报周期内需要解决的问题和寻求的帮助）

项目变更管理表

项目基本情况				
项目名称			项目编号	
项目经理			日期	

请求变更信息	
序号	变更原因

影响分析

受影响的基准计划	□进度计划　□费用计划　□资源计划
是否需要成本 / 进度影响分析	□是　　　　　□否
对成本的影响	
对进度的影响	
对资源的影响	
变更程度分类	□高　□中　□低

申请人签字：　　　　　　　　　　　客户签字：

风险评估与控制表

项目名称：		编号：		
序号	风险描述	风险发生可能性	风险级别	风险控制措施
1	客户需求不明确			
2	客户需求变化			
3	开发人员缺乏足够的行业知识和专业知识			
4	源码、文档的控制			
5	工作阶段划分不明确、人员分工不合理			
6	多部门配合			
7	开发队伍不稳定或缺乏人力资源			
8	预算超支			
9	缺乏对技术复用的考虑			
10	时间紧			
11	存在技术难点、采用新技术			
12	检查点设立不合理			
13	缺乏对突发事件的考虑			

软件问题报告

项目编号：		项目名称：
软件项编号：	软件名称：	版本号：

问题描述：

报告人签字／日期：

修改描述（主要是修改后与修改前的对比，如所用资源的变化、提交时间的变化、功能的变化等）：

修改人签字／日期：

填写：	审批：

项目资源调度单

项目名称：	项目编号：	项目经理：

项目的跨中心（部门）资源调度缘由：

申请人：

审批人：

正式调用时间：

起：

止：

项目启动计划评审记录

项目编号：	项目名称：	项目启动计划编号：
开发部门：	时间：	评审地点：

参加评审人员：

评审内容（评审中审议通过的内容在"□"中画"✓"否则画"×"）：

项目的目的是否明确？　　　　　　　　　　□
对项目的规模是否进行估算？　　　　　　　□
是否进行项目启动的预算？　　　　　　　　□
阶段输出结果是否明确？　　　　　　　　　□

评审意见：

评审结论：

填表：	审批：

开发计划检查表

检查项目	检查内容	检查结果
一、质量目标	1.是否符合质量体系的要求	
	2.如果不符合质量体系的要求，是否按要求编制《质量计划》	
二、阶段划分	1.是否明确划分各阶段	
	2.各阶段的输入、输出标准是否明确	
	3.是否明确各阶段可交付成果	
	4.是否明确各阶段质量目标	
	5.是否明确提出各阶段检查点	
三、产品清单	1.是否明确提交给客户的产品清单（产品名称、提交时间、客户接受方式、责任人、验收标准）	
	2.是否明确提交给项目监控部门的产品清单（产品名称、提交时间、提交方式、责任人）	
四、技术管理	1.是否明确开发环境（软件、硬件环境）	
	2.是否明确开发工具	
	3.是否明确开发方法	
	4.是否采用新技术	
	5.是否考虑软件复用	
五、组织结构	1.是否确定项目小组成员，并将其划分成多个小组	
	2.是否明确各个小组成员的职责	
六、风险管理	1.是否预测了与项目有关的主要风险	
	2.是否采取跟踪、监测措施以减小风险或避免风险的产生	
七、相关性	1.是否考虑了项目的外部相关活动	
	2.是否考虑了项目的内部相关活动	
八、资源预算	1.是否画了有关资源的直方图	
	2.是否预算了项目的工作量并划分给小组成员	
九、配置管理	是否制订了配置管理计划表	

项目计划成本汇总表

序号	费用名称	中标价(合同造价)				计划成本				合同造价与计划成本的差额				备注
		基础	主体	粗装修	小计	基础	主体	粗装修	小计	基础	主体	粗装修	小计	
1	人工费													
2	材料费													
其中	工程用材料													
	周转材料													
3	机械费													
4	其他直接费用													
5	间接费用													
6	分包工程													
7	不可预见费用													
8	税金													
9	合计													
10	实际上缴金额					实际上缴比例								

项目成本对比表

费用名称	本期合同收入	本期实际成本	本期节超	累计合同收入	累计实际成本	累计节超	备注
1. 人工费							
2. 材料费							
（1）工程材料费							
（2）周转材料费							
3. 机械使用费							
4. 其他直接费用							
（1）临时设施费							
（2）安全措施费							
（3）其他费用							
5. 间接费用							
6. 分包工程费							
税金							
合计							
备注							

项目绩效报告

项目名称			
项目经理		日期	

当前报告阶段的工作完成情况：

当前报告阶段计划但没有完成的工作情况：

产生偏差的原因：

对即将完成的里程碑或项目到期日的影响：

计划的纠正或预防措施：

当前报告阶段已花费的资金：

产生偏差的原因：

对整个预算及应急资金的影响：

计划的纠正或预防措施：

下一报告阶段计划的工作：

下一报告阶段计划的成本：

识别的新风险：

问题及说明：